悩まずにはいられない人

加藤諦三
Kato Taizo

PHP新書

悩まずにはいられない人

目次

第二章 無意識の不幸願望
――本人も気づいていないから質《たち》が悪い

第三章　悪口や愚痴が多いのはなぜか
——周囲に対して密かに働きかけていること

第四章 みじめ依存症
――「誰も私を愛してくれない」と言う

第五章 自己憐憫する人

――どこで何が間違ったのかが分からないでいる

終章 心の歴史を勉強する
——幸せになるためのヒント

挿画　きくちまる子

序章

不幸になる努力をする人たち

――「幸せになりたい」は口だけ

◎前向きな生き方ができない

人間が幸せになりたいと願い、幸せになる努力をし、幸せになれるならこんな有り難いことはない。

人間は幸せになりたいと願いながらも、実際には不幸になるように行動する。

それがこの本のテーマである。

幸せになるためには「なぜ、人は幸せになりたいのに不幸になる努力をし、不幸になるように行動をするのか」ということを理解することが必要である。

人が本当に幸せになるためには、この点の理解が欠かせない。

幸せになりたいと口では言いながら、実際には不幸になるためにがんばっている人がいる。より不幸になるように努力している人がいる。

人はがんばって努力すれば良いというものではない。意志は自己破壊的に働くという、アメリカの心理学者ロロ・メイの言葉もある。

そのとおりで、がんばって勉強し大学を卒業し、会社に入ってがんばって働いてエリートになる。しかし、その結果がうつ病ということもある。時には自殺ということもある。

意志がつねに自己育成的に働くものであるなら、こんな有り難いことはない。風邪一つで嘆き悲しんで大騒ぎする人もいれば、がんと言われて冷静な人もいる。悩んでいる人にとっては、客観的な困難が問題ではない。人は起きたことにふさわしい反応をするものではない。

いつも悩んでいる人が、客観的につらい環境にいるわけではない。人は客観的に見て困難なことに嘆き苦しんでいるのではない。

しかし、悩んでいる人にとっては、それはそれほど苦しいことなのである。悩みを顕微鏡で見ている人にとっては、困難はその見ている大きさなのである。

水を飲みて笑う人がいても、錦を着て憂えている人にとっては、生きることは嘆き苦しむほどつらいことである。

社会的にも肉体的にも厳しい環境の中でも明るく生きている人がいる。逆に恵まれている環境の中でいつも自分の不幸を嘆いている人がいる。経済的に裕福なのにいつも人を恨んで悩んでいる人がいる。逆に経済的に恵まれていないのに、心穏やかで幸せな人もいる。

本文中にも述べるが、精神分析について数々の名著のある精神科医カレン・ホルナイのいうごとく、「現実の苦しみ（suffering）とその個人の実際の不幸（realistic unhappiness）や制限

(limitations) に対する態度とは大きな違いがある」(註1)。

つまり、たいしたことではないのに、嘆き悲しむ人がいる。逆に、極めて困難な状況で心の平静を保っている人がいる。

また現実の困難に対して、感情的困難という言葉がある。感情的困難(Emotional difficulties) とは、アメリカの精神科医フロム・ライヒマンの言葉である(註2)。

つまりEmotional difficultiesというのは、人間関係の困難などである。どこまでそのことの自覚があるか、どこまで人間関係に対処できるかが、それがその人の心理的健康である(註3)。

うつ病者らは、要するに感情的困難に陥っているのであろう。

現実の苦しみと心の苦しみは違う。この本では心の苦しみを考えた。

心の持ち方で幸せになれる場合と、心の持ち方ではどうにもならないことがある。

この本では心の持ち方で幸せになれる場合を考えた。幸せになれるのに、あえて幸せにならない人について考えた。

人は誰でも「私は幸せになりたい」と思っている。誰でも「私は悩みたくない、悩みのない人生が良い」と思っている。

しかし、もしそうなら「私は前向きな生き方がしたい」と思った時に、どうして前向きの生き方ができないのだろうか。

人は前向きの生き方をしようと決心しても、なかなかそうはならない。意志したとおりには自分が動かない。

「自分の考え方を変えよう」と思っても、なかなか変えられない。「私は悲観的なものの考え方を変えたいと思った」、それなのに変えられない。どうして悲観的な考え方を変えられないのだろうか。

なかなか自分が思ったとおりにいかないのは、意識という視点からしか自分を考えていないからである。意識と違った無意識という別の視点で自分を考えたら、自分は違ったことを望んでいるかもしれない。

なぜ人は意味がないと知りつつ、くよくよ悩むのか。

嘆いていても事態は変わらない。しかしいつまでも嘆いている人がいる。

なぜ人は自分から不幸の部屋に入っていくのか。

理屈では説明できない人間の心理をこの本では考えた。

◎いつも何かに悩んでいる人

悩んでいる人は、いつも何かに悩んでいる。

そしていま悩んでいることが、悩みの本当の原因なのではない。「苦しい、つらい」と悩んでいることを通して、無意識に蓄積された怒りを間接的に放出しているのである。

だから悩んでいる人にとって、悩んでいること自体が救いなのである。「苦しい、つらい」と悩んでいることが安らぎなのである。「苦しい、つらい」と騒がなければ、蓄積された怒りを表現できない。「苦しい、つらい」と騒いでいることで、無意識の必要性を満たしている。

「苦しい、つらい」と訴えることの目的は何か。

何かに失敗した。何かをなくした。

しかし、事態を改善するエネルギーはない。かといって、現実を受け入れる心の能動性もない。

そうした場合、嘆いていることが心理的にもっとも楽である。

「悩むまい」と思っても、悩まないではいられないのだから、それは悩み依存症である。悩むことはつらいし、自分のためにはならないし、悩まないと決心するけれども、悩まないではいられない。

アルコール依存症の人にとって、アルコールを飲むことは喜びではないし、自分のためにはならないけれども、飲まないではいられない。

悩み依存症の人は悩むことを通して、無意識の欲求を満たしている。蓄積された怒りや憎しみを表現している。だから悩むことは癒しなのである。

自己憐憫《れんびん》していても人からいやがられるだけである。でも、自己憐憫する人は自己憐憫をやめない。

では自己憐憫することの目的は何か。

そもそも自己憐憫する人は、自分が自己憐憫していることの目的に気がついていない。

この本で考えたのは、それらの目的である。

第一章
体を壊すほど思い悩む
――なぜだか不満が次から次へとやってくる

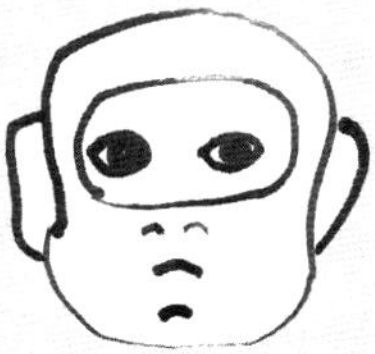

◎心身の不調は怒りが原因だった

「怒りは3つの反応の仕方をする」とカレン・ホルナイはいう。(註4)

まず「心身の不調」である。具体的には疲れやすい、偏頭痛、胃の不調などである。

次は、自由に表現されて復讐的になるなどである。

そして最後が、みじめさの誇示である。「傷ついた、傷ついた」と騒ぐ。「つらい、つらい」と騒ぐ。

神経症の人が「傷ついた、傷ついた」と騒ぐのは、日頃の怒りの表現である。

彼らにとって「つらい！」と叫ぶことが、憎しみの間接的表現でしかない。

「苦しみは非難を表現する手段である」とカレン・ホルナイはいう。(註5)

苦しんでいる人にとっては、苦しむことが救いである。それは苦しむことが怒りをあらわす手段だからである。

怒りは、正義などさまざまな種類の仮面をかぶって登場する。そのことを多くの人は何となく理解する。

その時に、怒りに正当性がなければないほど、怒りは誇張される。被害が強調される。

被害者意識は、攻撃性の変装した心理である。
しかし、仮面をかぶるのは正義ばかりではない。第四章で述べる、みじめさの誇示なども
そうである。
攻撃性はまた、よく「悩み」という仮面をかぶって登場する。
第五章でも述べるが、たとえば不眠症もそうである。不眠症という仮面をかぶって登場す
る。
「眠れない」ということが、即そのまま不眠症というわけではない。その人が眠れないとい
う事実を悩み出した時に、眠れないことが不眠症になる。
眠れないということを、すごく悩む人もいるし、眠れないということをそれほど悩まない
人もいる。
それは眠れないということばかりではない。病気がそうである。たとえば睡眠時無呼吸症
候群という病気がある。
その病気をどれだけ苦しむかは人によって違う。睡眠時無呼吸症候群と診断された。それ
は現実の苦しみである。
この現実の苦しみを嘆き苦しむ人もいる。他方に嘆き苦しまない人もいる。嘆かない人は

淡々と治療に取り組む。

嘆き苦しんでいる人は、自分は睡眠時無呼吸症候群に苦しんでいると思う。しかしそうではない。

「ああ、睡眠時無呼吸症候群になってしまった。どうしよう、どうしよう」と嘆き苦しんでいる人は、別に睡眠時無呼吸症候群で悩んでいるのではない。

無意識に蓄積された、処理されない怒りに苦しんでいるのである。無意識に蓄積された未解決の怒りが、睡眠時無呼吸症候群を苦しむということを通して、間接的に表現されているに過ぎない。

だから、眠れないということを延々と、いつまでも嘆いている人がいるのである。延々と嘆くことで、隠された敵意や怒りを間接的に表現している。

無意識に抑圧された怒りや敵意が、病気という仮面をかぶって登場している。これが異常なまでに病気を嘆く人である。

◎親に気持ちを無視されて育った

嘆いている人は、親に自分の気持ちを無視されて育っている。

そこで、親を含めて周囲の人々に批判的になっている。無視されて育って、人に批判的になっているから、なかなかうまく友だちを作れない。孤立しがちである。

そこで生きている実感や、自分という存在の確かさがない。存在感喪失症状とでもいうべき心理状態である。人との心の絆がない。親子の心の絆がない。

嘆いている人はこういう「つらい、つらい」と言いながら、何年も過ごしてきたのだろう。

このつらさの訴えは、神経症的つらさの訴えといっていいだろう。

ほかのたとえで言えば「私はどこか私でなくなった」という、抽象的なつらさの訴えもあった。

これも存在感喪失症状であろう。これらのことには、つらいという外側の事実が伴っていない。その本人がつらいと訴えているのである。ある事実がつらいというのではない。基本的な愛情飢餓感からくるつらさなのだろう。

ありのままの自分でいることが許されない人間環境で成長したのである。

周囲の人から、本当の自分と違った自分になることを強制されて自分を見失った。

「自分を見失った」ということは何を失ったのか？

アメリカの心理学者アブラハム・マズローの考えにならっていえば、失ったのは自分の真

実の核心的な部分である。成長への能力そのものであり、彼自身の肯定的感情である。それを失ったのである。（註6）

悩んでいる人の心は、基本的に非生産的構えである。

行動の動機は成長欲求ではなく、退行欲求である。

そして愛されることを求める。搾取タイプである。ものを搾取するのではなく愛とか関心を人から搾取するタイプである。

◎恐怖感から退行欲求にしがみつく

人は成長するためには安心感が必要である。**安心感とは、恐怖感がないことである。**

恐怖感があると、退行欲求と成長欲求との葛藤で、退行欲求にしがみつく。

人間の退行欲求には時効がない。何十年経っても驚くほどしつこく残っている。

権威主義的な親のもとで成長した人などは、小さい頃には恐怖感に苦しんでいる。安心感がない。したがって、大人になってもしっかりと退行欲求を持っている。高齢になっても持っている。

この退行欲求と、成長欲求の葛藤を自分の中で意識化していかないと、本人が「嘆いていても「どうしようもない」と分かりつつ、嘆き続ける。

しっかりと自己分析しないと、「自分はなぜこんなにまで嘆き続けているのか？」ということが理解できない。

しっかりと自己分析していけば、自分から成長能力を奪った人が見えてくる。それが見えてくれば次には生きる方向が見えてくる。

退行欲求にしたがって生きている人は、現実が厳しい時でも心理的には居心地が良いから変わりたくない。

嘆いている人は、現実の困難に際して自分を変えることを、無意識に拒否している。**だから目の前に起きていることに対処しないのである。**

「悩んでいる人には解決の意志がない」というのはそういうことである。

解決するには、いまの心理的な居心地の良さから離れなければならない。悩んでいる人にはそれができない。

「つらい、つらい」と言いながら、変わる努力を拒否して退行願望にしがみつく。

それが「自分を変えることを無意識に拒否する」という意味である。

「私は変わることを拒否して、嘆いている」ということを意識化することが大切である。

◎悩むことが救いになっている人の本当の願い

悩むことが救いになっている人は、相手に**「母親が幼児をあやすように私をあやしてほしい」**と言っているのである。

つまり、満たされない退行欲求の叫びである。

対処しないでただ嘆いているのは「私をあやしてくれないのなら、私は生きていけません」と言っているのである。「私は無力です。助けてください」という意味である。

デール・カーネギーの本を読んでいたら、次のようなことが書かれていた。ある人がニューヨークの家庭裁判所の数千件の離婚訴訟を調べたら、夫の家を出る主な原因は「妻が口うるさい」であったという(註7)。

本当にそれがもっとも多い離婚原因かどうか、確かめるのは大変難しいと思うが、夫が妻の口うるささが耐えられないというのは理解できる。

耐えられないのは夫の退行欲求である。とにかく褒められたい、つらい時にはつらい気持ちを汲み取ってもらいたい。そういう時に、些細《ささい》な注意や改善の提案や努力の話は耐えられない。

改善の提案や努力の奨励は、満たされない退行欲求を刺激する。

相手の「こうしてほしい」という提案は、退行欲求を持つ人には、極めて不愉快な言動である。

「今月、これですごく出費が多かった」という妻の言葉は、退行欲求を持つ夫には刃物である。

退行欲求を持つ夫には、「こんなにあなたが働いてくれたのに、私の使い方が悪いのかしら」という、母親があやしてくれるような言葉が気持ち良いのである。

◎なぜか「自分は特別な人間」だと思い込んでいる

神経症者は「自分は特別」という意識が強い。みんなと同じに扱われては不愉快である。

幼児は誰でも母親に特別に扱ってほしい。

無意識にある「あやしてほしい」という、本音の言葉の背後にあるのが「私を特別に扱ってほしい」という神経症者の要求である。

もちろん「私を特別に扱ってほしい」と直接には言わない。「私を特別に扱うべきである」という主張になる。

「なぜ私を特別に扱うべきか」ということについてはいろいろと口実を探すが、本音は「あやしてほしい」である。ただ、本音は恥ずかしくて言えない。本人も意識していない。無意識の欲求である。

退行欲求を持つ人は「私は特別でなければ、つらくて生きていけません」と無意識で言っているのである。

そして現実の世の中は、その人を特別な人として扱わないから、つらくて嘆き続ける。

そして「誰も私のことを分かってくれない」と嘆き叫ぶ。

確かに誰も分かっていない。世の中はその人だけを特別な人として扱わないからである。

恋人も妻も夫も、誰もが相手をふつうの人間であると思っている。大人になって誰もその人をあやしてくれない。

「あやしてほしい」と願っている人とはコミュニケーションできない。**したがって大人になっても無意識に「あやしてほしい」と望んでいる人は、次第に孤立していかざるを得ない。**

自分の感情や欲求をコントロールできるということは、コントロールできるような人に、心理的に成長しているということである。

自分をコントロールできるということは、現実と接する能力があるということである。

現実の相手と接するからこそ、相手とコミュニケーションできる。だから、現実否認の人はコミュニケーションできない。

相手の現実と接したくないが、自分の心の現実も認めたくない。実際にそう望んでいても、そう望んでいるということを否認する。

「自分は情緒的にはまだ幼児である」という現実を否認する。

現実否認すれば、どうしてもコミュニケーション能力の喪失が起きる。

心理的健康な人にとっては、なんでもない注意の一言が、現実否認で引きこもってしまった人にしてみれば、死ぬほどつらい。

「自分は特別」と主張する時には、その人はすでに心理的にパニックになっている。

あやしてもらいたいけど、あやしてもらえない。そこで自己栄光化をすれば、あやしてもらえると思ってがんばったが、自己栄光化にも失敗する。

大人になってあやしてもらうために自己栄光化しなければならないが、それだけの能力が自分にはない。

追いつめられて、どうにもできなくなっている。そこで「自分は特別」と叫んでいる。

小さい頃、あやしてもらいながら成長した人もいる。幸いな人である。自慢したいことを、保護者がいつも話題にしてくれた。

たとえば運動会のリレー競走で勝ったことが得意である。その時の話をお婆ちゃんは、何回も何回もしてくれた。これが母親のあやしである。何も生物的な意味での母親である必要はない。

こうした繰り返しの褒め言葉を期待するのが幼児である。

うつ病になった人には、そういうお婆ちゃんのような人がいなかった。

小さい頃、本当に話してほしいことを繰り返し話してくれる人はいなかった。

一度も自分中心に世界が回ったことがない。

一度も「○○ちゃんは？」と尋ねられていない。まず○○ちゃんが中心になって世界が回っていない。一度も「○○ちゃんは？」と、聞かれていない。

逆に言わなくていいことを言う人がいた。この間に消耗し、体より先に心がやつれていった。

自分中心に世界が回った後で、初めて周囲の世界に関心が出る。

だからうつ病になるような人は、外に関心がいかない。あやしてほしいという欲求が強過ぎて、それ以外のことに関心がいかない。

不安な子はお花畑で騒いでいるが、花を摘まないであっちやこっちで騒いで、教室に戻ったら花を持っていない。

騒ぐのは、花に関心がないけど、みんなが自分に関心を持ってもらいたいからである。人に対しても同じこと。いろいろと騒いで親切をするが、気がついてみると親しい友だちはいない。それは自分に関心を持ってくれない母親の子どもだった人。

現実につらいことなど何もないのに、うつ病になった人はなんで「つらい、つらい」と大騒ぎするのか。

◎親は手錠をかけたことに気がつかない

「認めてほしい」「愛してほしい」、でも敵意がある。この心理状態で人はどういう言動をするか。

たとえば父親は、自分が子どもと海に行きたい。しかし子どもに敵意があるし、子どもから愛してほしいし、子どもに認めてほしい。

すると子どもに「海に連れて行ってください」と言われて海に行って「あげる」のがもっとも望むことである。そのように子どもを操作する。

こうした恩着せがましい人は、**素直に自分の願望を言えないし、自分自身の願望そのものが矛盾している。**

いつも嘆いている人は、大人になって「自分は何を望んでいるか」が分からなくなる。人を操作していると、最後には「どうしたら良いか分かりません」になる。最後は「私はもう、どうにもならない」と一人で呻《うめ》くようになる。それなのに「助けて」と素直に言えない。

いつも嘆いている人は、自分の心と直面することを回避して生きてきた。自分の心についての現実否認である。

オーストリアの精神科医アルフレッド・アドラーは、悲観主義は巧妙に擬装された攻撃性であるというが、見事な洞察である。(註8)

なぜそうなるかといえば、いままで説明してきたとおり、悲観主義は攻撃性を持った愛情欲求だからである。

肉体的に手にかけられた手錠は見える。そこで人は「ある人が手錠をかけられる時にある感情を持つ」ことを理解する。

「娘に手錠をかけられるのを見たことが、自分の人生でもっともつらかった」と言った母親がいた。しかし心に手錠をかけられることは、もっと苦しいことなのである。

それなのに、親が子どもの心に手錠をかける時に、誰も「かわいそう」と言って涙を流さない。

うつ病者は心に手錠をかけられている。

娘が手錠をかけられるのを見たことが、もっともつらかったと言った母親は、**自分が娘の心に手錠をかけていることに気がつかない。**

この母親の娘は薬物依存症。

本当の自信は親からの自立によって生じてくる。富でも名声でもない。勲章で自信は得られない。生産的に生きることでしか自信は得られない。

強迫的に名声追求する人はどうしてもこのことが理解できない。

現実否認や反動形成で本当の自分を偽《いつわ》っても、心の底のそのまた底では本当の自分を自分は知っている。

何を言ってみても、無意識では「自分も嘘だが、相手も嘘だ」と知っている。だから、最終的には何が何だか分からなくなる。

そして心の底では自分も人も信用できなくなる。

人は自分が味わった感情を意識して生きているわけではない。小さい頃から許された感情を意識して成長してきている。

◎表情と言葉が違う親に育てられてしまうと……

コミュニケーション能力がなければ、人から認められ、好かれることはない。

小さい頃、親からのメッセージで、非言語的メッセージと言語的メッセージが矛盾している時がある。

いやな顔をして「いいよ」と言う。「お前の好きにしろ」と言葉では言いながら、不機嫌な顔を見れば、それをしてはいけないと言っている。

親が発する**メッセージがつねに矛盾を含んでいれば、子どものコミュニケーション能力は崩壊する。**

非言語的メッセージと、言語的メッセージの違いを理解できるのがコミュニケーション能力である。

言葉は深刻だけれども、顔色とか声の音調とか非言語的メッセージから、これは冗談半分だと理解できる。

日常生活の会話には、よくこのようなことが起きる。

この時に、**コミュニケーション能力のない人は、言葉だけに反応する。**

すると周囲の人が驚く。しかしその周囲の人の態度が本人は不愉快である。

本人は人から自分の反応を認めてもらいたい。「親切ね。ありがとう」「やさしいのね」、そのような主旨のことを周囲の人に言ってもらいたい。

相手が軽い気持ちで言っていることを、コミュニケーション能力のない人は真剣に受け止める。そうすれば周囲の世界とは、ずれてくる。

しかしコミュニケーション能力のない人は、「なぜ、ずれたか」が理解できないから、周囲の世界に怒りを覚える。そして何よりも不愉快になる。

言語的メッセージと非言語的メッセージが矛盾した時には、真実は非言語的メッセージにある。

日常生活での会話は、その真実のほうで流れていく。しかしコミュニケーション能力のない人は、言語的メッセージで動く。

そこで周囲の人と食い違いが生じる。それが不愉快である。とにかく面白くない。

軽い言葉だから聞き流せば良いことを、言葉に反応するから聞き流せない。

そして周囲の世界とトラブルを起こす。

コミュニケーション能力がないから孤立した時に、自分にはコミュニケーション能力がないと認めることが心理的成長である。

しかし自分の気持ちが通じない時に、「なぜだ？」と考えることはつらい。難しい。周囲の人に対して怒っている時に、「自分にはコミュニケーション能力がないと認めること」は地獄である。

しかしこの地獄を通らなければ天国には行かれない。

◎うつ病の人は幼い頃「良い子」になることで逃げてきた

うつ病者はやればできるのに、しない。

ふつうの人は、そう不思議がる。

それは、まず母なるものがほしいからである。

あやしてくれていたお母さんから、強制的に離されたらどうなるか。赤ん坊は泣くだけで、やればできることでも、しない。

やればできることをしない大人も同じことである。それをすれば困難を乗り越えられて幸せになれる。その力がその人にはある。しかしそれをしない。

食べさせてもらう。

自分が食べていくという姿勢がない。

それは、愛情を求めたけれども、求めた愛情を得られなかったからである。

与えられたのは、求めていない「愛情という名の干渉」ばかりだった。

うつ病者は、その時その時の心理的課題を解決しないで、「良い子」になることで逃げてきた。

だから受け身。立ち向かわない。

それは、いままで自分の弱みを出せる場所がなかったからである。

本当の自分でない自分になることを、周囲の世界から強制されたから。

助けてもらおう、思ってもらおう、やってもらう。

先生が教えてくれるだろう。

自分で「学ぼう」がない。

自分の受け身の姿勢の原因を意識化し解明し、それを乗り越える努力をする。

「なぜ？」と考えることが幸せにつながるのは、それで現実に直面するからである。

現実否認の人には「なぜ？」がない。

ここで恐ろしいのは、「なぜ？」といったん現実に直面しても、そこでまた他人に責任転嫁したりして逃げることである。あるいは、自分を責めたりして単に立派な自分を演じてしまうことである。

「なぜ？」と考えながらも、またそこで横道にそれる。

決して受け身になった自分を責めてはいけない。受け身の人は、理由があって受け身の人間になったのである。

無気力が仮面をかぶって登場したのが自責である。人はやる気のなさを隠すために自分を責める。自分を責めていれば、努力しないで立派な人になれた気になる。

◎運がいいと思い込んでいる人はストレスが大きい

道の選び方で間違える、あるいは車を運転していて道が渋滞する。それは運。しかしそのことを、どのくらい悔やむか、あるいはどのくらい嘆くかは人により違う。

自分はいつも運に恵まれるべきだと思っている人は、あきらめきれないで、悔やみ続ける。

「自分は運がいい」ということが神経症的要求になっていればいるほど、いつまでも激しく、悔しがり、嘆き続ける。ストレスは激しいことになる。

神経症的要求の激しい人のほうが、同じ状況下ではストレスは強く胃潰瘍《いかいよう》などになりやすい。

車に乗っていて、どちらの車線にいるかによって車の流れは違う。その時に自分が遅い流れの車線にいる時に、どう感じるか。

なんでもない人と、「別の車線にいればなー」と激しく悔しがる人では、同じように車を運転していてもストレスは違う。

そして、自分は運に恵まれるべきだと感じている人であればあるほど悔しさは激しい。

つまり神経症的要求の激しい人ほど、日常のストレスは強い。

いま述べたような時の運によって決まることについて**「あきらめの早い人」という人は心理的に健康な人**なのである。ストレスが少ない。

過去のことに、いつまでもこだわっている人などは神経症的要求の強い人である。過ぎ去ってしまったこと、すでに起きてしまったこと、それらはもうどうすることもできない。

そして神経症的要求を持つ人には、神経症的要求を持つだけの理由がある。後悔したり、自己否定をするのではなく、自分を正しく理解して、生き方の舵《かじ》を切ることである。

◎非現実的なほど理想が高い

自分に対して絶望しているからこそ、その反動形成として非現実的なほど高い期待を自分にかけている。

その結果、ちょっとした失敗をすごいことに感じる。

また失敗の事実をみじめに解釈し、自己憐憫《れんびん》に甘えていく人もいる。

理想の自我像が傷つくと、虐待されたと感じる。(註9)

問題は、客観的に事実として虐待されているのではなく、自己消滅型の人が虐待されていると感じているということである。

神経症的傾向の強い人、うつ病になるような人などは、**理想の自我像を実現しないと、求める愛情が得られないと思い込んでいる。**

走ることが得意でないということは、歌が得意ではないということではない。数学が得意でないということは、運動が得意ではないということではない。子育てが得意でないということは、語学が得意ではないということではない。

ちょっと恋人とうまくいかないことがあると、すべてのビジネスパーソンとうまくいかないと感じてしまう。

無気力は転移すると、アメリカの心理学者マーティン・セリグマンはいうが、人は一つのことができないと、ほかのこともできないと考えやすい。

つまり何かできないと、できなかったということで脳内に検索をかけるから、前にほかのことでできなかった時に感じた絶望感が検索結果として出てきてしまう。

うつ病になるような人は一度、自分は「誰かから真剣に自分の幸せを考えてもらったか？」と考えてみることである。

たとえば二十歳になるまで誰からも真剣に、自分の幸せを考えてもらっていないはずである。何か期待されたことはあるだろう。しかし、それも**期待した人の幸せのため**である。

だからこそ、ありのままの自分ではない自分になることを期待されたのである。時には非現実的なほど高い期待をかけられた。

そして「実際の自分」ではない自分を生きて、苦しみ続けた。

非現実的なほど高い期待をかけた人のほうは、相手の幸せをまったく考えていない。だから相手の現実を無視したのである。

また期待をしたほうは相手を好きではない。好きなら相手の現実を見る。

子どもが好きな人は、子どもが求めているものが分かる。

そして子どもの適性と、子どもの能力を考えて子どもに期待をかける。子どもを好きな人は、子どもの現実を見ている。だから子どもを批判するよりも子どもを励ます。

つまり非現実的なほど高い期待をかけられた人は、相手から好かれてもいないうえに、「現実の自分」を無視されていた。じつは相手から嫌われていたのである。

相手から敵意を持って間接的に攻撃されていた。

そんな人に愛されようとして自分自身であることを断念した。

そして相手の期待に応えるために、自分でない自分になろうと必死で無理な努力をした。

第二章

無意識の不幸願望

——本人も気づいていないから質《たち》が悪い

◎我慢していることを無意識に楽しんでいる

「なぜ嘆いているのか？」が理解できない。

嘆いている人は「私は我慢をしている」と意識の上で思っているだけで、無意識ではこの事柄を楽しんでいるのである。

無意識の悦楽が、意識の上の不幸を上回っている。でなければ、そんなどうしようもない男と、なぜもっと早く別れようとしないのであろう。

何十年も夫のことを嘆いている女性は、いままでにも、いつでも夫と別れられた。もっともっと早く慰謝料をきちんともらって別れられた。

哀れさ、みじめさを売るのはなぜか？

それは成長へのエネルギーがないからである。努力しなくてよいからである。

哀れさ、みじめさを売るのは、退行欲求を満たすためである。みじめさを売っている時には、退行欲求を満たしている。

哀れさ、みじめさを売るのは、成長欲求を満たすためではない。

たとえば「私はうれしい」と明るく前向きな発言をするほうが、人はその人に好感を持つ。でも神経症者は、好かれようとして嫌われることをする。「うれしい」と言ったら、同情してもらえないと思うからである。「うれしい」と言ったのでは隠された憎しみは、吐き出せないからである。

嘆いている人が満たそうとしているのは幼児期の欲求だから、「うれしい」と言うのでは欲求を満たすのは無理なのである。

◎本人も気づかないほど奥にある怒りや憎しみ

私は若い頃「くよくよしたって何もならない」とある本に書いたことがある。

私は心の底からそう思っていた。そう思っていたのだが、私はくよくよ悩むほうだった。

自分がくよくよ悩まない人間なら、わざわざこんなことを書かない。

若い頃「くよくよ」と悩んでいた時に、**私は自分の心の底の、そのまた底にものすごい怒りや憎しみがあるとは気がついていなかった。**そんなことは思ってもみなかった。

しかし歳をとって若い頃を振り返ると、想像以上のものすごい怒りや憎しみや恐怖感が心の底にあったことが分かる。

それはまさに言葉どおり「想像を超える」量の怒りや恐怖感である。

その想像を絶するような怒りを無意識に追放しておいて、「くよくよするな」と自分に言い聞かせても何の効果もない。

くよくよ悩むのは、じつはそれなりの理由がある。

もともと自分の中に悔しい気持ちがある。もちろんそれに本人は気がついていない。

もともと甘えたくても甘えられない心の葛藤があった。無意識の領域では甘えたい、甘えたいと願っていた。しかしそれは叶わぬ願いである。

もともと、はじめから現在の外界の状況と関係なく、心の中ではくよくよしていた。そのくよくよを「意識的に体験していないだけ」だったのである。

それがある外界との接触で、別のこととして意識的に体験しているに過ぎない。

たまたま上司とうまく挨拶ができなかった、あるものを食べて胃を壊してしまった、買った株が下がってしまった、試験の成績が悪かった、財布を落としてしまった、恋人にうまく気持ちを伝えられなかった……日常生活には無数なほどの小さな失敗がある。それをいつまでもくよくよと悩んでいる。

問題は上司とうまく挨拶ができなかったことでも、試験の成績が悪かったことでもない、あるものを食べて胃を壊してしまったことでもない。

胃を壊して「あれさえ食べなければ」とくよくよと悩むが、くよくよと悩む原因はあれを食べたことではない。

もしそうであれば「くよくよしたって何もならない」で解決する。

隠れたる真の原因は、甘えたくても甘えられない心の葛藤である。満たされない退行欲求である。自我価値が傷ついた悔しさである。

だから「くよくよしたって何もならない」と思い、「くよくよすまい、悩むまい」と意志してもくよくよといつまでも悩んでしまうのである。

くよくよしていても解決にならないと分かりながらも、くよくよする自分をどうにもできないからである。

それは、その人が満たされない欲求や隠された怒りに動かされているからである。無意識の必要性に振り回されているからである。

◎うつ病の人は「幼児返り」をしている

序章に書いたが、風邪一つで大騒ぎする人もいれば、がんと言われても冷静な人もいる。

悩みを顕微鏡で見る人もいる。裸眼で見る人もいる。

「子どもが不登校になった」と言って大問題にする親もいるし、冷静に対処する親もいる。

悩んで嘆いている人は、自分が想像している以上に、無意識に怒りが蓄積されている。想像もできないほどの怒りが蓄積されている。

そして自分では気がついていないが、自信がない。

うつ病者は甘えたい。先に述べたごとく、うつ病の顕著な動機の特徴は退行的性質である。(註10)

ぐずぐず言うのは、甘えたいということである。

「おれはつらい、おれはつらい」と言って甘えたい。

甘えた子どもは「頭が痛い」「ぽんぽん痛い」と言う。

うつ病になるような人が「苦しい、つらい」と騒ぐ時には幼児返りをしている。

自分の強迫性に苦しんでいる人は、**自分は何が満たされていないのだろうと自分を見つめることである。**

「しよう」と思ってもできない、「しまい」と思っても、しないでは居られない。そうした強迫性に苦しんでいる時には、「すまい」と意志するよりも、まず「私の何が満たされていないのか」と考えたほうが良い。

もし、いま地獄にいるとしても、その地獄は自分の心の中の問題である。

地獄には心の地獄と現実の地獄と二つある。心が原因の地獄を、現実がもたらしている地獄と考えてはいけない。

現実の地獄と心の地獄では対応が違う。

戦争や自然災害は現実の地獄である。うつ病や自殺は心の地獄である。

戦争で自殺者は減る。現実の地獄と心の地獄は違うことをしっかりと心に留めておかなければいけない。

五体無事で健康で、たくさんの仲間がいて、輝くような空の下にある広い緑の豪邸で自殺する人がいる。

いま「仲間」と書いたが、もちろん心のふれあう仲間ではない。自殺した人の言葉では「私は誇りに思うすばらしい仲間」であるが。

言いたいのは、現実の地獄と心の地獄は違うということである。

悩んでいる人に具体的な解決のアドバイスをすると不機嫌になる。

それは悩んでいる人が求めているのは、具体的な解決方法ではないからである。解決法など、人から言われなくても本人が分かっていることも多い。

嘆いている人、悩んでいる人は悩むこと、嘆くことで怒りを間接的に表現しているのである。つまり悩むことで、隠された敵意を表現している。ある意味で嘆いていることは大変気持ちが良い。

◎嘆いているほうが心理的に楽

なぜ悩み続けるのか？

それは問題の解決に努力するよりも、問題を嘆いているほうがはるかに心理的に楽だからである。

問題の解決に向かうためには、その人に自発性、能動性が必要である。

しかし問題を嘆いているのには、自発性、能動性は必要ない。何よりも嘆いていることで退行欲求が満たされる。

問題を解決しようという態度は、成長動機からの態度である。

人が成長動機で行動するか、退行動機で行動するかという時に、退行動機で行動するほうがはるかに心理的には楽である。

だから人は嘆いているのである。解決する方法がないのではない。しかしそれよりも退行欲求にしたがって嘆いているほうが居心地良い。

悩んでいる人はだいたい退行欲求にしたがっているから、対処能力がない。

いまの問題に対処すれば対処できる、解決できる。それなのに嘆いているだけで対処しない。

恋人や友人から「このようにして対処したら良いのではないか」という提案すら不愉快である。


嘆く人というのは、嘆くことで退行欲求を満たしているのである。

嘆いている人自身、「嘆いていてもそんなことは何の解決にもならない」と分かっている。

しかし**嘆いていることで、退行欲求が満たされているという心地良さはある。**もちろん嘆いている人がそう意識しているわけではない。

したがって退行欲求が満たされて、成長欲求で行動している人にとっては、いつまでも嘆いている人の気持ちが理解できない。

心理的健康な人が、うつ病者を理解しにくいのはこの点にあるのだろう。うつ病の顕著な動機の特徴は退行的性質である。(註11)

うつ病になれば、この退行欲求とか依存性の問題はいよいよ深刻になる。

アメリカの精神科医アーロン・ベックは、うつ病者の動機の特徴として自殺願望などと同時に増大する依存性(註12)という表現をしている。

そしてこの増大する依存性はどこから来るのか。自分で自分の問題を解決できないと感じているからである。

「多くのうつ病者は自分を世話してくれ、自分の問題解決を助けてくれる人を、強く望んでいる」(註13)。

うつ病者の認識の特徴である低い自己評価(註14)と、動機の特徴である増大する依存性は深く関係している。

嘆いている人の心の底にはさまざまな心理が複合して働いている。つまり嘆いている人は、そう簡単に嘆くことをやめられない。

嘆いていることは心理的にいろいろなメリットがある。

低い自己評価を乗り越えることができれば、増大する依存性も解消できる可能性がある。

うつ病者の低い自己評価を克服することは、うつ病者の治療にはどうしても必要なことである。ただそう言われても、自己評価を上げることは難しい。

「つらい、つらい」「苦しい、苦しい」と嘆いていて、行動を起こさない人の心の底にも同じように低い自己評価と増大する依存性があるのだろう。

増大する依存性とは、いよいよ退行願望とか退行欲求とかが激しくなるということである。

つまり「嘆いていても、何の解決にもならない」というようなアドバイスはますます無意味になる。ますます相手を不愉快な気持ちに追い込む。

周囲の人はまず、いつも嘆いている人が「なぜ嘆いているのか」の心理を理解することが必要であろう。

退行動機で行動した人が、妨害されると深く傷つくだろう。

子どもが何かをした時に親は誇大に褒める。そこで子どもはそのように褒めてくれるだろうと期待してあることをした。ところがその褒め言葉がなかった。すると深く傷つく。

成長動機を持っているか、退行動機を持っているかで同じ物事は違って見える。

子育ての苦労は、親が成長動機で子どもを世話しているか、退行動機で世話をしているかでまったく違ってくる。

アーロン・ベックは、積極的な動機の欠如は、うつ病の顕著な特徴であるという。（註15）

小さな障害か大きな障害かは、その人の動機によって異なってくる。

成長動機で親切にした人と、欠乏動機で親切にした人とでは、相手が感謝をしなかった時の心理的反応は違う。成長動機で親切にした人は感謝されなくても不満にならないが、欠乏動機で親切にした人は、感謝されないと不満になる。

要するに、成長動機で動けば、苦しみは軽減するということである。つまり自分が変われば嘆き病は治るということである。

◎悩みが支えなので解決されてしまったら困る

アドバイスはつねに、「現実の苦しみ」を解決するためのアドバイスである。

しかし悩んでいる人は、別に現実の苦しみを訴えているのではない。「心の苦しみ」を訴えているのである。現実の苦しみは関係ない。

もともと解決を求めているのではない。大げさに悩んでいるから気持ち良いのである。嘆いている人は「私はいま、こんなに苦しいのだ」ということを訴えているのである。それが心の底にある、感情の間接的表現である。

具体的な解決方法は感情表現の場を奪う。

苦しみを訴えられた側は、ただ聞くか、「すごいわねえ」と言うことを求められている。悩んでいる人は「すごいわねえ」という賞賛を求めているので、具体的な解決方法を探しているのではない。

たとえば夫が家で悩んでいる時も、別に妻にアドバイスを求めているのではない。

悩んで相談に来る人で、本当に相談に来ている人はじつはほとんどいない。誰もアドバイスなど求めていない。求めているフリをしているだけである。

「この悩みを解決するのに協力してくれ」と言っているのではない。アドバイスする人はそこを勘違いする。

退行欲求で生きている人と、成長欲求で生きている人の出会いはトラブルを生むだけのことがある。

それなのに解決方法をアドバイスをされたら、感情の捌《は》け口をふさがれたようなものである。

とにかく前向きな解決策を言われたら、悩んでいる人は頭にくる。

相手からの「こうやって助けてあげる」という援助の姿勢も頭にくる。そうして助けられたら、いま悩んでいることの意味がなくなる。

確かに悩んでいる人はがんばった。そしてそのがんばったことを認めてほしい。

その時に「こうしたらもっと良くなる」というアドバイスは、怒りを生むだけである。落ち込むだけある。

そんなアドバイスをされたら「誰も分かってくれない」といよいよ相手を恨むだけである。

だから「よくがんばっているね」という言葉は癒しになるが、「こうしたらよい」という改善の言葉は怒りを生む。

悲観的考え方を延々と言っていることが感情表現であるから、「そんなこと意味ないからやめなさい」と言われてもやめられない。

それどころか、「意味ないからやめなさい」と言われたことが不愉快になる。自分の感情表現を否定されて不愉快にならない人はいない。

「いくら嘆いていても事態は変わらない」という正しいアドバイスが、相手を怒らせる。そしてその怒りを直接的表現できないで、間接的表現になる。

つまり親身で正しいアドバイスを受けた側は、いよいよ不愉快になる。いよいよ憂うつになる。いよいよ嘆く。

アドバイスされたほうの人の気持ちは、雪の上に放り出されて、寒そうにしたらばかにされた時のような心境である。

誰も励ましてくれなかったから、人と接するなかでどう生きていいか分からない。人間関係のなかでの生き方が分からない。

悩んでいる人は生き方を忘れた人なのである。

嘆きはdead endである。行き詰まりである。

機能しない家族が無力感を与えた。(註16)

彼らは家族という言葉は知っているが、自分が実際に家族を体験していない。だから心理的に成長していない。

ありのままの自分が許されて、成長するべく励まされていない。誰も自分を守ってくれなかった。

甘いという言葉は知っているけど、甘いものを食べたことがない人と同じである。

嘆いている人は解決する意志がないから、ただ不満を言っていればいい。その人は過去にいる。

いまを生きられない。過去のある時期で生きることが止まっている。過去の清算ができていない。

「なんてかわいそうに」という注目がほしい。同情では解決しないのに同情がほしい。退行欲求とはそういうものである。

文句を言うことが主題で解決する意志はない。相手の言うことを聞こうという意志がない。素直さがない。

先に触れたように悩んでいる人は、小さい頃に周囲の人から成長する能力を奪われた。言いたいことも言えなかった。ただ我慢に我慢を重ねて生きてきた。

悩んでいる人自身が、自分の隠された敵意や隠された憎しみに気がついて、その処置を考える以外に悩みの解決方法はない。

◎「愛がほしい」は「憎しみがある」という意味

うつ病者は「もうダメだ」と言いつつ、同情や注目を求めている。それは自分の苦しさを人々に注目させて、愛情を求めるという神経症的愛情要求でもある。

うつ病者のみじめさの誇示も憎しみの間接的表現であり、同時に愛情要求である。

愛情要求が激しいと、マイナス思考になる。マイナス思考は愛情要求の結果である。

「注目してほしい、慰めてほしい、哀れんでほしい、やさしくしてほしい」とつらい気持を訴えるのは「もっと愛して、もっとこちらを向いて」と訴えているのである。

うつ病者の**マイナス思考は敵意の表れであり、同時に愛情要求の表れ**である。だから「マイナス思考をやめなさい」と言われても、うつ病者はなかなかやめられない。

フロム・ライヒマンがうつ病者は、愛を求めているという。ということは、うつ病者は憎しみを持っているということである。

大人になって小さい頃のような愛を求めて、その求める愛が得られることはない。求めるものが得られなければ、当然傷つき、憎しみを持つ。

大人になって幼児的願望を持っていれば、傷つき続ける。

幼児として愛されることを求める大人はつねに傷つく。求める愛が得られないからである。

愛情飢餓感の強いうつ病者は、愛されることと同時に認めてもらいたい。

うつ病者はもっと認めてもらいたい。

望むほど認めてもらえないから傷つく、傷つくが表現できないで憂うつになる。

人の話に傷つく。でも不愉快さを直接的に表現できない。

それの繰り返しである。

毎日その小さな不愉快さの積み重ねで、生きることがつらくなる。

うつ病は人間関係の病《やまい》である。

うつ病は人間関係依存症の一つ。

その人がいやでも離れられない。それがつらい。でもどうしようもない。

小さい頃から人間関係で気持ち良かった人と、小さい頃から人間関係が怖かった人では、物理的には同じ世界に住んでいても、心はまったく違う世界に住んでいる。

◎同じ言葉でも人によって意味がまったく違う

欲求不満という時、まったく違う二つの意味がある。

「退行欲求の人」が不満だという場合と、「成長欲求の人」が不満だという場合では、不満の意味がまったく違う。

退行欲求が不満だという場合には、ここの事柄に不満だというのではない。生きている土台が不満だということである。

成長欲求で生きている人がいう「困難」と、退行欲求で生きている人がいう「困難」とはまったく違う。

成長欲求で生きている人がいう困難は、現実的困難である。失業して経済的に苦しい時、大病をした時、経営が傾いてきた時……いろいろとあるが、あくまでも現実の困難である。

退行欲求で生きている人がいう困難とは、感情的困難である。現実の困難ではない。

とにかく人の困難には二つの困難がある。

現実的困難と感情的困難と二つある。うつ病者が味わっている困難は、後者の感情的困難である。

序章にも書いたように感情的困難（Emotional difficulties）とは、フロム・ライヒマンの言葉である。（註17）

うつ病者らは、要するに感情的困難に陥っているのであろう。

地獄には現実の地獄と、心の地獄とある。

現実は天国で、心は地獄で自殺する人はいる。そこが心の恐ろしさである。

カレン・ホルナイは、自己蔑視は内面の地獄であるという。（註18）

自己蔑視している人が味わっている困難が感情的困難である。

◎原因がよく分からないのが特徴

「私はいったん閉じこもってしまうと、殻からどうしても抜け出すことができません。いつも緊張してビクビクしていて、生きていくこと自体をつらく感じてしまいます」。

「私は十八年間苦しんできました。もう我慢できません。離婚します」と書いているが、なぜそんなに夫に耐えているのかが分からない。

ただ「つらい、つらい」と言うだけで、現実の話がないのが嘆いている人の特徴である。

基本的には愛されないで育ってしまったから、なんだか分からないけれども生きることがつらいということである。

感情的困難に苦しんでいる人々は周囲に敵意を持ちつつも、人々に愛を求めている。そして**自分の哀れみを訴えることで、周囲の人にさまざまな要求をしてくる。**

感情的困難とは、敵意を持った人が愛を求めている時に味わう困難である。

嘆いている人のメールや手紙を読んでいると、さんざん周囲の人の悪口を言って、次に自分の立派さをアピールして、その後で、毎日が「つらい、つらい」と言う。

「毎日がちっとも楽しくない」「もうすっかり疲れてしまいました」「死にたい」「もう、うんざりしています」などと自分のみじめさを切々と訴える。

しかし、そうした言葉が羅列されているだけで、具体的に何がうんざりしているのか、何が楽しくないのかなどはあまり書かれていない。

もう生きていけない、「死にたい、死にたい」と書いてくる。しかし、具体的に何がそんなに苦しいかが書かれていない。ということは愛情飢餓感なのである。

それはほしい飴が舐《な》められないという苦しみではなく、「あの人は私に飴をくれない」という苦しみである。愛されている実感が持てないことからくる苦しみである。

具体的に誰かから攻撃されている苦しみではなく、**自分の心の中に感じる不安からくるつらさなのである。**

肉体的にあの人から殴られたという苦しみではない。自我価値が傷つけられたというところからくる苦しみである。

飴が舐められないという苦しみなら、飴を与えれば解決する。

しかし、飴が舐められないと嘆いている人の苦しみは、飴をもらっても解決できない。

悩んでいる人からのメールや手紙で、具体的なことが書かれている場合でも、様子がよく分からない。

「同僚の裏切りで会社を解雇させられてしまいました。在職中も周りの人からいろいろと言われたりもしましたが、今回のように落ち込むほどではありませんでした。今回は落ち込みが三カ月近くにも及んでいます。まったく眠れず食欲もなくただ死ぬことばかりを考えていました」

何を裏切られたかは書かれていない。どのような裏切りにあったのかが書かれていない。同僚の裏切りというだけで具体的なことが書かれていない。

そして「今回なぜそうなったか」という具体的なことが書かれていない。うつ病とも違うようなのである。

◎相談者女性の「信じ抜く」の真意

心の中の苦しみが、外で起きていることを通して現れてくる。この外化という心理は否認を含んでいる。

夫に好きな人ができて、夫は家を出て行ってしまった。その時に「夫は帰ってくると信じています」と彼女は言った。これが外化である。

しかし心の底のそのまた底では、彼女も夫は帰ってこないということは分かっている。しかし「帰ってこない」という現実を否認している。

ある女性は夫から「好きな女性ができて、離婚してくれ」と言われた。

しかし彼女は「帰ってくると信じています」と言う。

そして最後に「信じ抜くことに決めました」と言った。

それは「現実を否認し続けることに決めました」ということである。

心理的に言えば、「私は成長しないことに決めました」という意味に等しい。

現実と直面することを避けた彼女は生涯悩み続け、嘆き続け、自らの運命を恨み続け、自らの不幸を訴え続け、死ぬまでみじめさを誇示し続けるだろう。

彼女にとってこれからの人生は、悩むこと以外に生きる方法はない。悩むことが生きることであり、悩むことが最大の救いであり、悩むことが唯一の救いである。

彼女は悩まなければ生きている実感を失う。

彼女に「悩むな」と言うことは「死ね」と言うことである。

したがって、無意識に蓄積された怒りがない人にとってみれば、「なんで誰にでもあるそんな些細なことをなぜそこまで大騒ぎするの」と疑問に思う。

ふつうの人にはその人が大げさに嘆いているように感じられる。しかし**嘆いている人は大げさと思っていない。**

「悩むまい」と思っても悩まないではいられないのだから、それは悩み依存症である。

悩むことはつらいし、自分のためにはならないけれども、悩まないではいられない。それが悩み依存症である。

悩み依存症は、悩むことを通して蓄積された怒りや憎しみを表現している。

だから悩みを自分で作る。悩みがなければ、抑圧された憎しみを表現する場がなくなる。

したがって悩んでいる人は悩んでいる時が救いなのである。あるいは悩んでいる時に心が安らぐと言っていいかもしれない。

つまり安らぐのは、悩むことで憎しみを間接的にしろ、とにかく表現できているからである。

この悩み依存症のさらに進んだ段階がうつ病であろう。

悩みと「現実の困難」とは違う。この悩みは神経症的苦しみである。

うつ病は現実の困難が原因ではなく、神経症的悩みが原因である。

◎敵意はあくまで隠されている

隠された敵意は、あくまでも隠されているのである。相手に対して明確な敵意の意識はない。

つまり、**毎日が「なんとなく面白くない」**し、**相手が「なんとなく不愉快」**である。

本人にとっては原因不明の不快感である。そういう不愉快さでは先に進めない。うつ病者のように、そこにうずくまるしかない。

そういう心理状態で、心はいよいよ「何とかしてくれ」という受け身の姿勢になる。

そんな心理状態の中では、困難な事態を乗り切れない。困難な事態を自分への挑戦と受け取ってがんばることは難しい。

隠された敵意があると、困難な事態を積極的に処理していこうという心の姿勢は出てこない。

攻撃性は、良い悪いは別にして、能動性である。受け身で攻撃はできない。**受け身のままで攻撃的になれば、それはいわゆる妬《ねた》みや嫉妬である。**英語で受け身的攻撃性（Passive aggressive）と言われているものである。

隠された敵意を持っている人に、能動性を期待することはできない。

逆境に耐えて、エネルギッシュに生きるためには能動性が不可欠である。

隠された敵意が、人と親しくなることや人とかかわる姿勢に直接的障害になることは明らかである。

同時に、事態をコントロールしようとする姿勢や、困難な事態を自分への挑戦と受け取ることにも障害となる。

能動性を身につければ隠された敵意は消えるが、同時に能動性を身につけるためには隠された敵意を解消することが不可欠である。

心の問題はたいてい悪循環か好循環である。

悪循環に陥っている時には、まず正しい自己分析をすることである。それが悪循環を断ち切るスタートになる。

悲観主義者は愛を求めている。

いつも悩んでいる人は、自分の感情を明確化できない。敵意を持ちながらも、愛情欲求があるからである。

隠された敵意のある人は、強い自分の願望を持てない。それは敵意も本当だし、愛情欲求も本当だからである。つまり、何をしても自分が自分ではない。自己疎外された人である。

正面から世の中と敵対できない。「あいつを倒す」とは言えないので、「あの人は酷《ひど》い人」という言い方で、自分の感情を表現する。

心の底では世の中に敵意があるが、それを直接的に表現できない。敵意の裏で愛情欲求があるからである。

「攻撃的不安」という言葉をアドラーは使っている。つまり**悩んでいる、心配している、それがじつは、隠された攻撃性であるということ**なのである。

嘆いている人も、本人は気がついていないが、じつは誰かを攻撃している。

悩みは隠された攻撃性だから、依存心が強くて欲求不満な人は悩まないではいられない。

小さな子どもが泣いている時には、助けを求めているが、同時に攻撃性を表している。

大人でも自己憐憫《れんびん》で泣いている人は同じである。助けを求めているが、同時に攻撃性を表している。

「攻撃的不安」のほかに、アドラーは「攻撃的悩み」という言葉も使っている。

心配とか不安は、助けを求めることとして機能するとアドラーはいう。（註19）

要するに、悩んでいる大人は「助けて」と言っているのである。そして子どもと同じように、助けを求めると同時に攻撃性を表している。

そしてすべての人にはこれはお馴染みのことであるとアドラーはいう。（註20）

赤ん坊はお腹が空いた、水を飲みたい、恐いなどの時に泣いて助けを求める。

これは社会的に示されたサインである。

赤ん坊が助けを求めて叫んでいる時には、その顔は攻撃性を表しているとアドラーはいう。（註21）

不安と劣等感から生まれる悩みがある。それは社会的に表現された悩みである。その社会的に表現された悩みとしての攻撃性は、誰に向かって表現されるか。

それは自分が甘えている人に対してである。

◎本人は正当な悩みだと思っている

どうでもよいことを大げさに騒ぐ。心理的健康な人から見ると、騒いでいる人は被害の強調をしている。

しかし嘆いているほうは、決して大げさに嘆いているわけではない。本当にそれほど大変なことだと思っているのである。それだけ被害を受けたと思っている。それは怒りの間接的表現だからである。

そのこと自体が大変なことなのではない。自分の嘆くことは正当なことに思えている。本人にしてみれば大げさに嘆いているわけではない。

前の日によく寝られなかった。そんなことは誰にでもある。大騒ぎすることではない。

しかし無意識に蓄積された怒りのある人は、その寝られないということを通して隠された怒りを表現している。

だから「ああ、寝られなかった。ああ、寝られなかった。つらい。なんだか体がだるい。今日は調子が悪い……」と嘆き悲しんでいる。

大騒ぎしているのは、**無意識に蓄積された怒りを放出しているに過ぎない**。別に寝られなかったということが大変なことではない。

したがって、ふつうの人にとってみれば、「なんでそんなことをそんなに大騒ぎするの?」というように思える。その人の嘆きが大げさに感じられる。

序章にも書いたように、悩んでいる人はいつも何かに悩んでいる。

そしてそれは悩んでいること自体が問題なのではない。

「苦しい、つらい」と悩んでいることを通して、無意識に蓄積された怒りを間接的に放出しているのである。

だから悩んでいる人にとって、悩んでいること自体が救いなのである。「苦しい、つらい」と悩んでいることが安らぎなのである。

「苦しい、つらい」と騒がなければ、怒りを表現できない。「苦しい、つらい」と騒いでいることで、心の必要性を満たしている。

そしてもう一つ、「私はつらい」と言う人は、「自分を嫌いだ！」と心の底で感じている。

また、**そういう男たちは「女を嫌い」と心の底で感じている。**

カレン・ホルナイはみじめさを訴えることのなかには、多かれ少なかれ敵意が含まれていると述べているが、そのとおりである。

「私はつらい、つらい」と騒いでいる人は「自分も他人も嫌いだ」ということである。ただ私は敵意という表現よりも恨みのほうが適切であると思っている。

悩みと「現実の困難」とは関係ない。悩み依存症の人の悩みは神経症的苦しみである。

うつ病は現実の困難が原因ではなく、神経症的悩みが原因である。

カレン・ホルナイのいうごとく、「現実の苦しみ（suffering）とその個人の実際の不幸（realistic unhappiness）や制限（limitations）に対する態度とは大きな違いがある」(註22)。

現実に起きていることはたいしたことでない、問題ないのにもかかわらず、大騒ぎして「苦しい、苦しい」と訴える人もいる。

ドイツの精神科医フーベルトゥス・テレンバッハのいうごとく、病気と病苦とは違う。

甘えることの口実が、病気の苦しさの訴えである人もいる。

そんな時には、その人にとって周囲が敵である。

それは起きていることそのことが問題なのではなく、「苦しい！」と訴えている人の心の中の苦しさが問題なのである。

カレン・ホルナイが神経症的苦しみという言葉を使っている(註23)。

神経症的苦しみは経済的困難など現実の困難とは別の苦しみである。

神経症的苦しみとは、その人が苦しめば苦しむほど、その人の心は弱くなる。

現実の苦しみとは、苦しめば苦しむほど、強くなる。鍛えられる。

現実に直面するのはいやだ。それで「私の悩みを解決してくれ」と言う。それは無理。

悩みの原因を残したままで、悩みを解決してほしいと要求する人は多い。

攻撃性の置き換えをしていて、悩みを解決できない。本当に嫌いな人を嫌いと認識しないのだから。

その抑圧こそが悩みの原因である。

いずれにしろ「抑圧行動とはその真実から身を守る方法」であると、アメリカの精神科医ジョージ・ウェインバーグはいう。

真実から目をそらして、悩みの解決を求めるのが神経症者である。

現実に直面する以外に悩みを解決する方法はない。

人生は依存症と同じである。

それを楽に解決しようとすると、どんどんと生きるのが困難になる。

現実否認で、生きることがどんどんつらくなる。

カレン・ホルナイが「神経症者は苦しむことが好きである」というのは、その意味である。

神経症者は苦しむことを通して、無意識に蓄積された怒りを表現している。

だから、隠された怒りを表現できている時が一番心理的に楽なのである。悩むことが救いになる。

だから決して悩むことをやめない。

悩んでいる人にとって悩んでいるのは、マイナスの自己表現である。

◎不幸な人は自分が不幸と認めたがらない

基本的不安感から、強迫的に名声を追求する人は多い。名声が不安から自分を守ってくれると思うからである。倒れてもなお名声を求める人もいる。

そういう人は、体を壊す前に気がつかなければならないことがある。

自分は本当は「嫌いな人に囲まれていた」ということに気がつくことが大切である。

それに気がつければ、それは幸せに向かってスタートをした時である。

しかしなかなかこの真実は認められない。

それを認めたら、自分の寂しさを認めることだからである。だから「私は嫌いな人に囲まれていた」と認められないのである。

「私は嫌いな人に囲まれていた」と認めることは、「私はいままでたった一人であった。孤独を意識できないほど孤独だった」と認めることにつながる。

それよりも「皆さん、とても良い人でした」と言っているほうが、心理的に楽である。

つまり、ポーランドの哲学者タタルケヴィッチがいうように、「幸せな人だけが不幸になれる」ということであろう。

本当に不幸な人は、自分が不幸であることにすら気がつかないか、あるいは自分が不幸であることを否認する。

心理的に世界が自分と敵対しているから「私は不幸です」と認めない。負けているのに自分の敗北を認めない。

あるいは耐えられないほど不幸だから、反動形成で**「私はこんなに幸せ」と自分の幸せを誇示する。**ブログやフェイスブックなどで、いつも自分の日常が充実していることを過度にアピールする人も同様である。

不幸と感じるのは親不孝と思えば、親に心理的に依存している人は、本当は不幸でも「私は幸せ」と意識する。

逆に親への反抗から本当の感情を偽る人もいる。

時に親から「こう感じろ」というメッセージを伝えられることもある。

悩んでいる人が意識している感情は、その人の実際の感情ではない。

人の基本的な愛情欲求は、他人によってしか満たされないのに、うつ病になるような人はその他人が嫌い。

嫌いな人とデートする。つらい。

そのつらさが一人で部屋にいる時にもある。嫌いな勉強している時と同じつらさが、おでんを食べている時にもある。

自分の脳の中で作られる感情が「つらい」というものしかない。

いまは、もう息をするのもつらい。

いつも嘆いている人は、嫌いなことをやり続けて生きるエネルギーを失った。

運動会は嫌い。でもふつうの人は、明日があるから「今日の運動会を我慢する」。

うつ病になるような人は、その「明日」がない。新しい朝がきてもやっぱりいや。昨日と同じいやな朝から今日が始まる。

先生の顔を見るのもいや。

朝がきたら何だか分からないけどいやなのに、立ち上がることなど考えられない。

うつ病になるような人はいつも不愉快だった。

そして不愉快だから前に行けない。

人生が楽しくないのは、問題を解決する意志がないからである。

心が現実の新しい情報に開かれていない。

アメリカの心理学者ディヴィッド・シーベリーは勝者と敗者を分けるのは、「悩むことと考えることの違い」という。

勝者は解決の意志があるから、考えている。悩んでいる人は解決の意志がないから、考えていない。

第三章
悪口や愚痴が多いのはなぜか
――周囲に対して密かに働きかけていること

◎嘆く目的は他人に優越すること

いつも嘆いている人がいる。口を開けば嘆きである。愚痴と後悔と嘆き。

嘆くことは隠された怒りの表現である。

そして、「嘆く」ことに隠されている密かな願望は、攻撃を通した優越への願望である。

嘆く目的は、最終的には他人に優越することである。

「私は子どもができて、あれがほしいこれがほしいという欲がなくなってしまったんです。夫との間にギャップを感じるんですよね。たまに主人から何か買ってやろうかと言われても、ほしいものが頭に浮かばないんです。そうすると主人が、じゃあ俺、自分のもの買うよと言ってぽんぽん買うと、なんで私ばっかり我慢しているんだって思うようになって……」。

聞いているといつまでも嘆いている。

この奥さんは、自己憐憫の大家なのである。

夫を非難し続ける。最終的には他人に優越することである。

後に述べるが、ジョージ・ウェインバーグが**自己憐憫の確かな兆候は、自分のことばかり考えていること**だと述べている。「自分はこんなに悩んでいる」とその自分のことばかり考えている。

他人もまたいろいろと悩めば悩む種はいくらでもあるということには考えが及ばない。

「太っている」と異常なまでに悩んでいる人がいる。そういう人は「自分はこんなに悩んでいる。自分はこんなに悩んでいる」とそればかりを言う。しかし本人の主張と、ほかの人が考える悩みの深刻度との間に開きがあり過ぎる。

現実の生活では恵まれているにもかかわらず、つねに悩んでいる人は、「あれもほしい。これもほしい」とあまりにも要求が広範である。

カレン・ホルナイは、神経症的要求の特徴として広範な要求ということを挙げている。(註24)広範な要求を持てば、慢性的に不満になる。いつも、いつも何もかもが不満である。

コップの水が半分の時に、あるほうに注意を向ける人と、ないほうに注意を向ける人がいるとよく言われる。

そして嘆いている人に向かって「あるほうに注意を向けろ」と言う。しかし、あるほうに注意を向けろと言っても無理。

それは隠された怒りが欠けている部分に焦点を当てることで、表現されているからである。

「半分ある」と言ったほうが人は寄ってくる。人は素直な人のほうが好きである。しかし嘆いている人はどうしても明るいほうに注意を向けられない。

「半分ない、半分ない」と嘆く人には、半分ないほうに注意を向ける無意識の必要性がある。

その無意識の必要性というのが蓄積された怒りの表現である。

「何かが心配の時は、つねに、自分が回避している中心的な事実があるのです。その中心的な事実は、あなた自身を変革せよという要求をたえずあなたの前に現れるはずです」(註25)。

嘆いている人の中心的な事実とは、他人から積極的関心がほしいということである。他人から積極的関心を求めるのには、明るい点を言うよりも、**みじめなほうを言っていたほうが有効だと思っている**のである。

小さい頃に母親の愛情を体験していないのだろう。

嘆いている人は、実際に他人には何も直接的に要求をしていない。

それにもかかわらず他人を操作して「かわいそうに」と同情を求めることに固執する。

そして際限もない理解を求める。つまり無条件の愛を求める。相手を代理母にするために、相手を操作する。

◎復讐心がある限り悩み続ける

止まらない嘆きは、「怒りの間接的な表現」である。

だから周囲の人が「いくら嘆いていても、病気は良くなりませんよ」とアドバイスをしても嘆くことをやめようとはしない。

嘆くことは、その人の感情表現だから、嘆くことをやめるわけにはいかない。直接的に表現できなかった隠された怒りがある限り、その人は嘆き続ける。

嘆くことで、怒りの感情は吐露されている。たまっていたマイナスの感情を放出しているのだから、嘆くことは心地良いのである。

第一章でも書いたように、睡眠時無呼吸症候群になった人が同じように苦しんでいるわけではない。「かえって睡眠時無呼吸症候群になって良かった、ここで十分休養しておこう、神様が休めと言っているのだろう」と思って嘆かない人もいる。

同じ病気になっても、病気になった苦しみは人によってまったく違う。

現実の苦しみは同じであっても、それに伴う心の苦しみはまったく違う。

「ただ嘆いていだけいないで前向きになれ」というようなことは昔から言われている。

積極的な考え方の重要性を最初に提唱したのは、アメリカの牧師で作家のノーマン・ヴィンセント・ピールだと思っている人が多い。

だが、約五十年間聖職者の地位にあったピール博士自身が、使徒パウロがずっと前に同じことを言っていたと述べている。（註26）

つまり、「前向きに楽しいことを考えよう」とは紀元前からすでに言われているのである。

しかし、何千年を経ても隠された敵意がある人は前向きになれない。生産的になれない。

ハーヴァード大学の心理学のエレン・ランガー教授が、離婚をしていつまでも苦しんでいる人と、そうでない人の違いを調査した。

すると、いつまでも苦しんでいる人は、離婚原因をすべて相手に帰している人であった。

こういう人は離婚そのものに苦しんでいるという面と、本人が神経症者であるがゆえに、生きていることそのことに苦しんでいる面とあるだろう。

失業も失恋も病気も、それにどれくらい苦しむかは人によって違う。それはその人の神経症の程度が違うからである。

神経症的傾向の強い人ほど苦しむ。それは自分に「あってはならないこと」があったと思うからである。

また同時に、彼は特別に失業も失恋も病気など何事もなくても苦しむ。

それは、もともと生きるベースが苦しいのである。**その苦しいというベースの上に離婚の**

苦しみが加わった。だから、いつまでも離婚に苦しんでいるのだろう。

神経症患者は自分にとって、重要なことすべてに権利があると思っている。(註27)

神経症患者が「私には権利がある」ということは、たいてい単なる自己中心的要求である。

いま書いたように、離婚して幸せになる人もいれば、いつまでも不幸を嘆いている人もいる。

「心理学者のヘレン・ニューマンと私が、離婚に関して調査を行ったところ、結婚生活の失敗を元の配偶者のせいにした人のほうが、自分の状況に対して考えられる数多くの解釈を見出した人よりも長いこと苦しむとわかったのだった」(註28)。

エレン・ランガー教授の研究によれば、マインドレスネスの人は苦しむという。

マインドレスネスには三つの面がある。

第一が「カテゴリーによるとらわれ」である。

第二に「何も考えないで自動的にする行動」、つまりオートマティックな行動である。

第三に「一つの視点だけからの行動」である。

離婚して、いつまでも不幸を嘆いている人は、一つの視点だけからしか離婚を見られない。

離婚をして不幸になったのではなく、不幸な人が離婚しただけである。

離婚後いつまでも悩んでいる人は、結婚していても悩んでいる。こういう人はじつは悩むことで復讐しているのである。

人は復讐心がある限り悩み続ける。

◎役に立った時だけ認めてもらえた

うつ病になるような人は心底、認めてもらいたい。いままで自らの存在を、自分が望むだけ認めてもらったことがない。

相手に貢献した時だけ認められた。役割を果たした時だけ認められた。相手に役に立った時だけ認められた。相手にとって都合が良い時だけ認められた。

だから役割を果たさない時には認めてもらえなかった。相手にとって都合が悪くなれば、拒否された。


役割を果たした時だけ認められても、心は本当には満たされない。


また自立した大人として、愛されても満たされない。癒されないと満たされない。

幼児的願望、近親相姦願望、甘えの欲求、母親固着というような名前で呼ばれる基本的な欲求は、幼児のように愛されないと満足しない。

役割を果たした時だけ認められて、その場のその時だけは満足する。しかし、それはあくまでも「その時だけ、その場だけ」の満足である。

「その時だけ」が繰り返されているうちに「認められたい」という願望は強迫性を帯びてくる。つまり見境もなくなり、満足することがなくなる。

どんなに認められても、もっと認められたい。どんなに尊敬されても、もっと尊敬されたい。

それは小さい頃、甘えの欲求がまったく満たされなかった人の悲劇である。

そう考えるとうつ病者というのが、いかにものすごい怒りを隠しているかということが分かる。

うつ病者は自分の将来を悲観する。自分自身を悲観する。自分の失敗を過大視する。自分の成功を過小評価する。

しかし根源にある問題は、心の底にある「満たされない愛情欲求からくる攻撃性」である。憎しみである。

なぜうつ病者は不満に執着して、憂うつな顔をしているのか？

ここの理解が重要である。

それは、憂うつになることで周囲の世界に復讐しているからである。憂うつにならなくなったら、うつ病者は周囲に復讐する手段がなくなる。

だから決して憂うつな顔を手放すわけにはいかない。

うつ病者がどうしても明るく前向きになれないのは、悔しいからである。復讐したいからである。

怒りと憎しみは、本当は誰に向いているのか？

そこをはっきりさせる勇気が、立ち直るためには不可欠である。

何かするのが「面倒くさい」という。しかしそれは嘘。

自分の気持ちを深く考えるのはいやだからである。あるいは、自分の本当の気持ちに気がつくのが恐ろしいからである。

「殺すのは誰でも良かった」ということは、「殺したいのは母親です」という意味である。

生物的な意味での母親とは限らない。

正確には、母なるものを持った母親を求めて得られないから、想像上の母親である。だから意識の上では「殺すのは誰でも良かった」となる。

アドラーのいうように、「攻撃性は巧妙に弱さに変装」する。みじめさを誇示する人などは典型的な例である。

悲観主義も、攻撃性が弱さに変装している姿である。

そういう言動をしないと、悔しいとか憎らしいとかいうマイナスの感情を吐き出せない。ストレートには感情表現ができない。憎しみの直接的表現ができなくて、屈辱を我慢する。その結果、悲観的になることで怒りの間接的表現をする。

◎周りに罪の意識を持たせている

交流分析のほうでは、慢性的で定型化された不快感情をラケットという。

たとえば、みじめさを誇示する、メソメソ泣く、あるいは深い失望のため息をつく、憂うつな顔をしている。

こうして相手に罪の意識を持たせて、こちらの思うように相手を動かそうとする。

そしてラケットには、人を変えようとする意図が隠されているという。

このラケットがアドラーのいう「社会的に表現された攻撃性」であろう。

そしてこのラケットを交流分析では「心のマフィア」と呼んでいる。

まさにアドラーのいうように、それが攻撃性を表していることを示している。

ラケットとは、相手を変えるために使う不快感情のことである。慢性的不快感情とは、みじめさの誇示である。みじめさの誇示は、もともと攻撃性の間接的表現である。

さらに、自分のみじめさを誇張することで周囲を操作している。

人は、時に「相手を変えようとして『不幸であること』を使い続けている」[註29]ことがある。

それも本人はまったく気がつかない。

みじめさを誇示することで、相手に罪悪感を持つことを求める。相手が罪の意識に苦しむことを求める。

みじめさの誇示は、カレン・ホルナイのいうように怒りの間接的表現である。

何度もいうように「私はこんなにつらいのだ」という悩みは攻撃性を表現している。そして相手に優越しようとしている。

自分の不運を嘆いていれば、幸福になる努力をしなくてもいい。

悩んでいる人を見ると、心理的健康な人は、その悩んでいる人が一人で悩んでいると思ってしまう。

じつは悩んでいる人は、周囲の世界に働きかけているのである。

彼らが心の底で「私はあなたたちが嫌いです」と思っているからといって「あなたたちから離れる」わけではない。

逆にしがみついている。

「私はあなたたちが嫌いです。でも、あなたたちがいないと生きていけません」ということである。

人は不安だから力を求める。カレン・ホルナイは基本的不安感という言葉を使っている。基本的不安感のある人は人の上に自分を置こうとする。

アドラーは攻撃的不安という。そしてそれは力を求めるという。（註30）

問題はこれが「もっともうまく隠されている」ということである。

カレン・ホルナイも彼らは絶望し、自殺することを望むと書いている。（註31）

自己消滅型の人は、自分を取りまく人間環境を変えることも大切であるが、自分自身を変えようとしなければ死ぬまで悩み続ける。

彼らは悩みながら棺《ひつぎ》に入っていく。棺桶《かんおけ》のふたが閉まっても中から悩みの声が聞こえてきそうな人である。

悩みに変装した攻撃性は力を求めている。

いつも嘆いている人は、じつは嘆きながら人を攻撃している。同時に優越や力を求めている。

もちろん力を求めるのは、劣等感が重要な原因であることは誰にでも想像できる。

しかし攻撃的不安も、力を求める重要な原因である。力への願望は攻撃的不安に変装して現れる。

アドラーがいうように、この攻撃的悩みとか攻撃的不安には、支配者として力の願望がもっとも巧妙に隠されている。

いつも夫のことを嘆いている妻、いつも妻のことを嘆いている夫、いつも子どものことを嘆いている親、いつも親のことを嘆いている子ども、いつも部下のことを嘆いている上司、いつも上司のことを嘆いている部下……。

いつも嘆いている人は、「離婚する」「あいつを倒す」というような現実的意志はない。解決への意志はない。

しかし周りの人に復讐したい。

嘆きながらも無意識では力を求めているが、同時に同じ無意識の世界では「助けて！」とも言っている。

「私の力で何とかする」というような現実的意志はない。

嘆いている人の本当に求めているものは隠されている。だからいつまで嘆いていても解決はつかない。

だからこそ嘆いている人は、死ぬまで嘆き続けなければならない。

◎相手の出方をうかがっている

自分のつらさを延々と訴えて周囲を非難している人は、周囲の人が自分に対して愛の行動を起こすことを求めている。

延々と「つらい、つらい」と訴えている。しかし、自分は何も解決のための努力をしない。「つらい、つらい」と言って相手の出方を待っている。

決して自分のほうから周囲の人に直接「こうしてくれ」とは頼まない。

なぜ素直に周囲の人に「助けてください」と言えないのか？

攻撃している相手に頼むわけにはいかない。**相手に敵意を持っているが、同時に助けを求めている。**この矛盾が素直さの障害になっている。

子どもが意地悪された子のところに「遊んで！」と行けない。意地悪された子のところに「遊んで！」と行くのは悔しい。

いつも嘆いている人は、周囲の人に憎しみを持っているから周囲の人に「助けて」と言えない。

いつも嘆いている人はつねに「私は正しい」と主張している。悪いのは周囲の人であると主張している。

これは自分のつらさを訴える人の決まったやり口である。自分だけがつらい。自分だけが正しい。

そして周囲の人が同情し、自分を救うことを要求している。

「私はつらい」と言うことで、周囲の人に義務を課している。

こちらの依頼で助けるのではなく、相手の義務でこちらを助けることを要求する。

うつ病になるような人は、幼児的願望が満足されていない。

だから、悩んでいる人は悔しいことがいっぱいある。

憎しみの対象から愛されたいという矛盾を持っている。しかしそれは無理。

したがって、どうしても感情が吐けない。

うつ病になるような人は、その憎しみを表現できないままどうにもならなくなっている。

憎しみを持つ相手から愛を求めているから動くことができない。

そうなれば、嘆いて苦しんでいる以外に感情表現の方法はなくなる。

とにかく周囲の人への憎しみを意識できなかったり、意識しても表現できなかったりする。

その結果、さまざまな間接的表現となって日常生活に表れてくる。

うつ病になるような人は、不当に押しつけられた負担に抗議ができない。嫌われるのが怖いから抗議できない。角が立つのがいやだから抗議できない。その結果、心の底で周囲に恨みを持つ。

フロム・ライヒマンがいうようにうつ病者は愛を求めている。これをすれば、愛をくれるだろう、これに耐えれば愛をくれるだろう、と子どもは親に尽くし続けた。

悪い男に引っかかった女性と同じである。その女性は愛を求めているから、男のいうなりになる。恋に落ちた女は悪い男から搾取され続ける。

恋愛も親子関係も同じである。愛を求めている側が弱い立場になる。

「これをすれば『良い子』と言ってあげる」ということで、子どもは自分を曲げてがんばり続ける。こうなれば愛してあげるということで、子どもは親にとって都合の良い子どもになる。こうして自分であることをあきらめた。

自分でない自分になることを強制された。つまり、愛がほしくて自分でない自分になる。こうして人は自己憎悪に悩まされるようになる。

うつ病者の自己憎悪の激しさは、じつは周囲の人への憎悪の激しさである。

「苛酷な自己批判や残虐な自己蔑視などは、根本的には対象に向けられたものであり、対象への復讐を表しているということはうつ病の分析から得られるとフロイドは指摘するが、そのとおりである」(註32)。

人生を切り拓《ひら》くためには、まず「自分のコミュニケーション能力を破壊した人は誰だ」と考えることである。

◎悩みと攻撃性は矛盾しながら密接な関係

木の持ち主が、いまは冬なのに「この木には花が咲かない」と木に向かって怒っている。そこで木はがんばって花を咲かせようとしている。しかし咲かない。

「春でもないのに、咲くわけないだろう」と思わないで、花を咲かせられない自分はダメな木だと思う。そして「花を咲かせられなくてすみません」と謝る。

これがうつ病という名前の木である。

自分が本当に憎悪しているのは、自分の近くにいる周囲の人であるということを意識に乗せない限り、憂うつが消失することはない。

あるうつ病になった女性である。自分を虐待した母親が病気になっている。

心の底の無意識では「こんな母親は死んでもいい」と思っている。

しかし、**彼女の言葉は「私を虐待したお母さんの気持ち、分かります」**である。

お父さんも好きではない。好きになれない。

両親を含めて彼女の周囲の人は、みな怠け者である。彼女だけが生活のために必死になって働いていた。

彼女はどうしても人の言うことに逆らえない。

彼女は父親と母親が喧嘩するのを見て、「やめてくれ」と泣いた。

しかし彼女の場合、泣くのも、じつは怒りなのである。泣くのは彼女の悲鳴である。

彼女がイライラや憂うつから抜け出すためには、無意識にある過去を意識化して、心を整理するしかない。

うつ病と攻撃性については意見の一致はないようである(註33)。

しかし、私は半世紀にわたって悩んでいる人と接してきて、悩みと抑圧された攻撃性は不可分なものであると確信している。

「究めて明瞭なことは、もっとも重要な要因は矛盾する傾向の有するその強さ、とくにこれらの傾向の無意識の部分の有する強度にあるということである。(中略)悪しきことを捨て良きことを選択する場合の決定的な要因は『意識すること』にあるのである(註34)」。

意識することを具体的にいうと、たとえば望む目標にいずれが望ましいかを意識すること、表面に現れた願望の背後にある無意識の欲望を発見すること、現実的可能性を意識すること、結果を意識することなどをドイツの心理学者エーリッヒ・フロムは挙げている。

大切なことは、フロムのいうように表面に現れた願望の、背後にある無意識の欲望を発見することである。

相続で関係者が大もめにもめている。相談に来るが、言うことを聞いているとみんな良い人である。

みんなが「お母さんのために」と言う。「私はいいのです」と言う。「私は解決してあげたいだけです」と言う。

しかし「表面に現れた言葉の背後にある欲望」はどろどろして凄まじい。

◎精神的死をもって人生を始めた人たち

「私は精神的死を持って人生を始めた」というギャンブル依存症者がいたが、その人と同じなのが神経症など心の病に苦しむ人たちである。

うつ病者もまた精神的死を持って人生を始めた人が多い。

うつ病になるような人は、いずれにしても小さい頃に不本意な生き方をしている。

そこで大人になって何を体験しても、それが小さい頃すでに経験した、不快な体験を呼び出してしまう。時には健康な人々が、それを体験すれば楽しい体験ですら、彼らの場合はつらい体験になる。

そこで周囲の健康な人から見ると「なんでこんなことが、こんなにつらいのか」と理解できない。

うつ病者の夢はマゾヒズムが多い。うばわれ、攻撃され、排除され、失敗する。(註35)

非うつ病者に比べてうつ病者にはマゾヒスティックな夢が多い。(註36)

この夢から分かるように彼らは、長いこといやな不愉快な体験を続けて生きてきたのである。

周囲の人がどう感じていたかは別にして、本人にはいままでの人生で何一つ楽しいことがなかった。生きているのはつらいことだけだった。

そして、親との服従依存の関係からすれば、そのつらい体験を強制的に「楽しい体験」と感じなければならず、かつ「楽しい」という役割を演じ続けなければならなかった。

ある体験を「不愉快だ」と感じることは、権威主義的親の意志に反する。

うつ病になるような人は、もう生きるのがいやなのに「もう生きるのがいやだ」と感じることさえ禁じられている。**自殺したいが自殺することさえ禁じられている人生である。**

いや、自殺したいと意識することさえ禁じられている。

でも不毛な努力も、いままでは良かった。これまで間違っていたと気づいたという点では、教えられることはあったと言える。

「自分はあそこまでがんばって得たのは、うつ病だったのか」ということを身にしみて分かったのだから。

あんな生き方をしてはいけないと、今度こそ学ばなければいけない。

「自然は、意志が始動開始するまで、わたしたちを脅しつけ苦しめます（註37）」。

ところがアーロン・ベックがうつ病の特徴として「意志の麻痺（註38）」と、述べている。

基本的欲求とか幼児的願望が満たされていない欲求不満な人は、それだけまだエネルギーがあるということでもある。

そのエネルギーをどう昇華するか。

うつ病者が閉じ込めたものの中にエネルギーがある。

周囲の近い人への憎しみに囚《とら》われて、自分の心の空洞が見えない。

◎現実否認は大量にエネルギーを消耗する

そういう人たちは、現実に直面するのはいやだ。それでもって「悩みを解決してくれ」と言っている。しかしそれは無理である。

変装ではなく、攻撃性の置き換えをしていても、悩みを解決できない。

攻撃性の置き換えをしている人は、本当に嫌いな人を嫌いと認識していない。

ラジオの「テレフォン人生相談」（ニッポン放送系列）で非常に多い例で、本当は夫が嫌いなのに、姑や小姑が嫌いと言う。夫を攻撃しないで隣人を攻撃する。

夫を直接攻撃すれば、離婚という形で社会的存在を脅かされかねない。そこで、夫以外の人に置き換えて、不満を抱いたり攻撃したりする。

その抑圧こそが、悩みの本当の原因である。

自分の心の葛藤に直面しないで、悩みを解決してほしいという人は多い。それは悩みの真の原因を残したままで、悩みを解決してほしいという要求である。

さんさんと太陽の降り注ぐフロリダに来て、スキーをさせてくれというようなものである。

現実に直面する以外に悩みを解決する方法はない。

ある子どもが信じられないほど問題のない「良い子」だった。その子が対人恐怖症になった。学校にも行けなくなった。

原因は夫婦関係の不和である。ところが、夫婦がお互いに自分たちの葛藤を認めないで、マイナスの感情をすべて子どもに吐き出していた。

夫婦関係の葛藤を認めなければ、その子の問題は解決しない。

心の葛藤を認めなければ、悩みは解決しない。

現実否認をしながら「悩みを解決しろ」と言っても無理である。

「あのブドウはおいしいけれども自分はとれない」と認めれば、ブドウに興味がなくなる。

また自分が興味あることをしていれば、あのブドウは甘いと認めることができる。

それを認めれば、自分のすることが見つかる。

自分の弱点を認めるから、自分の長所が見える。

現実否認で「あのブドウは酸っぱい」と言っていると、変な人が周りに集まってくる。深刻な劣等感のある人、癖のある人、斜に構えた人等々変な人が集まってくる。

そして利用されたり、騙されたりする。

「あのブドウは酸っぱい」と言わなければ、変な人に引っかからない。

現実否認はものすごいエネルギーを消費する。

現実否認はつねに生きるエネルギーを消費している。(註39)

具体的には何もしていないのに、いつも疲れている人がいる。それは現実否認の酷い人である。

苦しくても現実を認める。

その現実を認める苦しさこそ、解放と救済に通じる。

心理的に成長するということは、心理的に火あぶりの地獄を通り抜けることである。

だから多くの人は心理的に成長することではなく、つまり現実に直面しないで、現実否認で生きていくのである。

合理化したり、攻撃性の置き換えをしたり、責任転嫁をしたり、外化をしたりとあらゆる防衛機制で現実に直面することから身を守る。

しかし現実否認をしたままで、現実から身を守りきることはできない。

その人に基本的不安感があるということは、甘えの欲求があるということでもある。

赤ん坊は家にいても家にお母さんがいないと泣く。

基本的不安感から強迫的に名声追求をしている大人は、お母さんのいない家で泣いているようなものである。

赤ん坊にとって、立ち上がるよりも泣いているほうが居心地が良い。

◎すべて欠けているもののせいにしている

いつも嘆いている人は現実と触れていない。

自分の心の葛藤が解決するように現実を解釈する。

複雑な人生の出来事を、いくつかの限られたステレオタイプの考えで解釈する。

生きがいとは積み重ねである。一つ一つの問題を解決することで、人生に意味がでてくる。

いつも嘆いている人は、十年経っても同じことを言っている。

そして「これさえあればきっと幸せになれる」と思う。

自分の欠けているものが、不幸の原因だと思っている。

だから「欠けているものを埋めたい。そして幸せになりたい」と思う。

すべてが満ち足りていることが「幸せになれるのだ」と思う。

単なる思い違いではない。その解釈に固執する。

自分の容姿に自信のない人は、恋人ができない原因をすべて容姿のせいにして「美人になれば幸せになる」と思い込んでしまう。

うつ病者は、**自分に欠けているものを「自分の幸福の本質である」と考える**、とアーロン・ベックはいう。

そう考えれば幸福になる努力をしなくてもいい。

まさにうつ病は、オーストリアの精神科医ヴィクトール・フランクルのいうごとく「生の引き潮」である。

生きるエネルギーがないから不幸なのに、「これがないから不幸」と言っている。不幸の身代わりを「これがない」ことにしている。

オーストリアの精神科医ベラン・ウルフのいうノイローゼの特徴である「身代わりになるもの」が「欠けているもの」である。

もともと人間は完全ではない。欠けているものを補って工夫していくことに、生きる意味も出てくる。

◎いつも悪口や嘆いている人の本当の感情

嘆きの原因は、満たされない退行欲求であるが、もう一つある。

人の悪口や嘆きは、隠された怒りが脳の扁桃核に溜まっていることを表している。

それは過去に表現されなかった、全然関係ない怒りの感情が、いま形を変えて表現されてきているのである。

たとえば交流分析などで、いくら「愚痴と後悔は敗者の専売特許」と言われても、隠された怒りが溜まっている人は愚痴と後悔をやめるわけにはいかない。

つまり愚痴と後悔は、その人にとっては強迫性である。やめようとしてもやめられない。

愚痴と後悔をやめようとしてやめられないのは、その人にとって、愚痴と後悔が無意識の必要性だからである。

表面的に見て、頭では「やめたほうが良い」と分かってもやめられないことは、その人にとっては、それをすることが無意識の必要性なのである。

本人は意識の上でやめようとしていても、心の底のそのまた底では、それをしたい。それをすることがその人にとって必要なのである。

そうしているからこそ気がおかしくならないで、何とか正気を保って生きていられる。

過去を取り返そうとして、取り返せなくて嘆いている人は、変化を受け入れられない。生きるエネルギーがない。とにかく嘆く以外に生きる方法がない。

その背後には隠された怒りがある。

「ああすれば良かった、こうすれば良かった」と言っている時には「自分を乗り越えていない」。退行欲求に振り回されている。

自分の生きてきた道を否定している人は自分を乗り越えていない。満たされていない退行欲求にしがみついている。

第四章 みじめ依存症

――「誰も私を愛してくれない」と言う

◎みじめ依存症とは何か

アルコールを飲んでいる人が、みんなアルコール依存症ではない。

嘆いている人が、みんなみじめ依存症ではない。

みじめ依存症とは、依存症という名のとおり、そうしないではいられないことである。

つまり、みじめさを誇示しても問題は解決しないと分かっても、みじめさを誇示しないではいられない。みじめさを誇示するのを止めようと思ってもやめられない。

嘆いている人で、こんなことをしていても自分の将来に何も良いことはないと思って、嘆くのをやめれば、この人はみじめ依存症ではない。**嘆くことが、どんなに無意味だと思っても、やめられない人がみじめ依存症である。**

わざわざ「私はこんなにみじめだ」と嘆きに来る人がいる。解決の意志があれば、みじめ依存症ではない。みじめ依存症の人は解決が目的ではなく、「私はこんなにみじめだ」と嘆くことが目的である。

憂うつな顔をしてメソメソ泣いてみじめさを誇示して、みんなを暗い気持ちにして、それでいて「誰も私を愛してくれない」と言っている人は、みじめ依存症である。

暗い映画館で一人で泣いて、映画のヒーローを観て、自分を奮《ふる》い立たせて映画館を出てくる人は、みじめ依存症ではない。

妻が夫の暴力を嘆く。夫の浮気を嘆く。夫が働かないと言って嘆く。でも別れようとしない。

妻が不倫をしていると夫が嘆く、妻は食事を作ってくれないと夫が嘆く。でも別れようとしない。

小さい頃、自分とかかわった人がそういう人たちばかりだったということである。そこでいまある関係を壊せない。どんなに不幸でも、いまある関係にしがみつく。

そこで、みんなが自分のことを「かわいそうだ」と騒いでくれれば満足する。

しかし、いくら「つらい」「みじめ」と嘆いても心の安らぎはない。

みじめさの誇示は、間接的に表現された攻撃性である。

みじめさの誇示の裏には、周囲の人への隠された要求や攻撃性がある。

自分のみじめさを誇示する動機は、「あなたにも私と同じように不幸になってほしい」というものである。

◎抜け出せるのに抜け出そうとしない

怒りや憎しみの感情の吐き出し方にはいろいろとある。怒りや憎しみの感情はどう表現されるか。

直接の吐き出し方、ほかのものに置き換えての吐き出し方、正義の仮面をかぶっての吐き出し方などいろいろとある。

怒りが猛烈に働くことに変容することもある。カレン・ホルナイはこのようなタイプを「傲慢《ごうまん》な復讐的タイプ」(the arrogant-vindictive type) と名づけている。彼女はこのタイプはあらゆる神経症者の中で、もっとも「驚異的な働き手」であると書いている。(註40)

攻撃性は受け身で表現されれば、嫉妬や妬みとなる。

憎しみを隠すために、陽気に振る舞う人もいる。

すでに述べてきたように、悩みが変装された憎しみであることも多い。うつ病なども憎しみの間接的表現であることはすでに述べた。

抑圧されたものは変装して現れる。その典型の一つがみじめ感情である。

みじめ依存症の人は抑圧の名手である。(註41)

みじめな状態から抜け出せるのに、抜け出そうとはしない。その人にとって、みじめであることのほうが馴染みの状況なのである。

アルコール依存症の人が、アルコールを飲まないではいられないのと同じように、みじめさを誇示しないではいられない人たちである。

「私たちはみじめと感じることに依存している」[注42]。

子どもが親に依存しているように、みじめ依存症の人はみじめと感じることに依存する。

隠された怒りを持つ人は、時に必死でみじめさにしがみつく。みじめであることがすべてに優先する。

些細な被害なのにそれを強調する。

みじめ依存症の人は、みじめであることに自分の存在価値を見い出している。何よりもみじめさを訴えることで同情を求めている。その方法しか知らない。

みじめ依存症の二つの条件[注43]。

1．壊滅的なことを予測する。

彼と離婚をしたら、生きていけない。彼のお金がなければ、私はやっていけない。この仕事をやめたらほかに仕事がない。

2. 幸せに馴染みがない。

「月に行きたい」などと言って、幸せが現実的欲求ではない。この馴染みのなさが、安らぎを破壊する。

みじめ依存症の人は、端《はな》からやる気がない。周囲が哀れみを感じるものにしがみつく。みじめさを訴えることに慣れている。人間はあらゆることに慣れてしまう。

そこから抜け出るのは大変。

みじめさを訴える人が味わっているのは、みじめであることの居心地の良さである。

人間はあらゆることに慣れてしまう。みじめさにも慣れる。

みじめ依存症の人は、幸せになる気のない人たちである。

不愉快なこと、みじめなことにあまりにも馴染んでしまうと、我々に何が起きるかということを理解することは重要である。

あまりにも不愉快なことが積み重なると、結果的に慢性的に不幸になり、怯《おび》えて、最後には幸せになる能力を失ってしまう。（註44）

◎「攻撃するタイプ」と「みじめになるタイプ」の二種類

みじめであることの居心地の良さを知った人は、何かあると人のせいにして自分の価値を高める。

みじめ依存症の人は、偽りのプライドがある。しかしやる気はない。

「私はこんなにみじめ」と誇示することが、憎しみの捌け口になる。

「私はオリンピックで優勝するぞ」では困る。こんなことを言っても憎しみの間接的表現にならない。

人間関係がうまくいくためには、自分の側で喜びを示して、相手を認めることである。

しかし、みじめ依存症の人はこの逆をする。

みじめさを誇示して相手を非難する。

傷つきやすい人には二つのタイプがある。ここでタイプというのは、心の葛藤を解決する時の心の姿勢である。

自己拡張型解決と自己消滅型解決である。

自己拡張型解決は、傷ついた時に防衛的攻撃に出る。人を批判する。先に書いた「驚異的な働き手」などである。

自己消滅型の人は、自分のみじめな感情を強調する。傷ついた時に自己憐憫に陥る。うつ病になるような人たちである。

自己消滅型の人のすることも、攻撃性が間接的に表現されているのである。

みじめ依存症の人は、自己消滅型解決をする人である。

みじめ依存症の人は、理想の自我像が傷つくと、それだけで虐待されたと感じる。問題は客観的に事実として虐待されているのではなく、自己消滅型の人がある体験を虐待されていると感じているということである。(註45)

◎大変だと言いながら手放さない

時に犠牲的な役割にしがみつく人がいる。周囲の人はその人にその役割を期待していない時にも、その役割を手放さない。

そして「私はこんなに大変だ」と不平不満を言い続ける。

そういう人を交流分析のほうでは「現代のアトラス」という言い方をしている。

別の表現をすれば、みじめ依存症である。

「現代のアトラス」というのはギリシャ神話のアトラスからとっている。

ゼウスの命令に反して戦いに出かける。罰としてアトラスは天の重みを両肩に背負うようにゼウスに命じられる。そこに筋肉の神ヘラクレスが、アトラスにスペリデスの金の林檎を自分のためにとってきてくれるならその重しをどけてやろうと申し出る。アトラスはそれに応じる。彼が戻って来る。彼は騙されてまた重しを両肩に背負う。(註46)

これをしたらこれをしてあげる、という時にはたいてい騙される。

おそらくアトラスは筋肉の神ヘラクレスに騙されなくても、別のところに行けば、また別の騙され方をする。

まず、ゼウスの命令に反して戦いに出かけた、自分の心を見つけることである。

「愚痴をこぼしながらも、犠牲者という自己の役割を永遠にとり続け、みずからのみじめさを顧みてそこから何らかの快楽を得ているように見える」(註47)。

こういう人は自分に酔っている。

「私は苦労した。あなたは苦労していない」という大人のなんと多いことか。

犠牲者という自己の役割を永遠にとり続けるのは、認めてもらうためである。

夫がアルコール依存症であることを嘆いていた奥さんは、夫がアルコール依存症でなくなる治療を受け始めると、夫に飲むことを勧めだした。

そして何と言うか。「彼は私が必要だ。私が良くしてみせる」。この台詞《セリフ》は洋の東西を問わず、みじめ依存症の女性が言うようである。

なぜ現代のアトラスは、みじめさにしがみつくのか。

それは一つにはすでにほかの箇所で説明しているように、変化が怖いからである。消耗していて変化するエネルギーがない。

もう一つは彼らが**「役に立っている」ということでしか、自分の価値を感じられない**からである。自己無価値感であり、存在感喪失症状である。

小さい頃、親の役に立った時だけ「良い子」として褒められ、親から受け入れられた。そこで初めて自分の存在を感じることができた。

役に立った時にしか褒められないということは、役に立たなければ自分には価値がないという感じ方である。

逆に少しでも親に手をかければ、ものすごく責められた。そのようにして育った人が現代のアトラスというような人たちであろう。

◎居場所がないから相手に尽くす

役に立つことでしか自分を感じることができない人は、愛されたことのない人である。

その子がいるというだけで親が喜びを感じるとすれば、子どもは親の役に立っていない時にも、自分という存在を感じることができたろう。

その子はもし褒められ喜ばれたとしても、それは物として――たとえば「すばらしい冷蔵庫」と褒められ、みんなに喜ばれたのと同じである。「この釣り竿はすばらしい」と釣り人にも褒められる。


彼らは、道具として愛されたに過ぎない。


しかし道具としてしか扱われなかった子どもは、大人になっても「役に立つ」ことでしか自分を評価できない。

そうした子は、両親から人間としての本当の自分を確認してもらっていない。「ありのままの自分」を親に受け止めてもらっていない。

「ただいま」と言って学校から帰ってくれば、成績が良くても悪くても、笑顔で「おかえりなさい」と言ってもらえる。そうした体験がないから、現代のアトラスといわれる人々は苦しくても、その犠牲的な役割にしがみつくのである。

犠牲的な役割こそ、彼らが望ましい奴隷として評価され、受け入れられたことを表している。

現代のアトラスといわれる人々の献身は、自己執着的献身なのである。「相手のための献身ではなく、自分のための献身」である。

つまり、それによって自分の存在を感じようとする行為である。

うつ病になる人は、役に立っていると感じる時に好調になるのである。

自己執着の最大の問題は、人とコミュニケーションできないということである。

そして自我の未確立である。自我が確立していないということは、何かあるとすぐに気持ちが乱れてしまうということである。

こういう人は、人の役に立っていないと居場所がない。居場所がないということは、愛情飢餓感が強いということである。

うつ病になるような人が「役に立っている」と感じている時に好調だというのは、役に立っている時には、自分の居場所があるからである。

人間関係依存症の人も自分の居場所がないから、居場所がほしくて相手に尽くす。

こういう人たちは犠牲的役割にしがみつく。

みじめさを訴える人の努力は、「自分の居場所を確保しようとする努力」である。

訴えは「このつらい気持ちを汲み取ってくれ」ということである。

自分の居場所がある人と、自分の居場所がない人とでは客観的に同じ世界に住んでいても、心理的には住んでいる世界がまったく違う。

天候でいえば、自分の居場所がない人はいつも台風が来ている。鳥は巣を一回作ればいい。しかしいつも台風が来れば、いつも巣を作っていなければならない。安心した巣がない。年がら年中、心の中は忙しい。

明日台風が来れば、明日またやられてしまう。巣を作っている時から、また明日やられるかもしれないという不安がある。家を造りながらも焦っている。

「なぜそんなに焦っているの？」と居場所のある人はいう。

焦っている人は、生まれた時から自分の居場所がない。

自分の居場所がない人は、いつも引っ越しをしているようなものである。その間に食事もしなければならない。

だから食事を忘れる。引っ越しがメインで、食べることはメインでない。欲張りも焦り。

つまり、**心の居場所が良ければ、人はそれほど欲張らない**。

心の中に自分の居場所がない人は、いくつ巣があっても安心できない。欲が深いし、利己主義になる。それが深刻な劣等感のある人である。つまり所属感の欠如である。

心理的にいえば、自分の居場所がない人はいつも台風の中で生きているが、自分の居場所がある人は、いつも穏やかな天候の中で生きている。

外から見れば二人は同じに見えるが、二人の心の中から見れば、まったく違った世界に住んでいる。

◎嫌われたくないから本当の不満が言えない

抑うつ感情というのは近い人の関係で生じてくるものであろう。

たとえば甘えたい人との関係である。**小さい頃、母親との関係で甘えの欲求を満たされないままに大人になった人は多い。**

そういう人は、大人になっていろいろな人と接し、近い人ができてくる。すると、その近くなった人との関係で甘えの欲求を満たそうとする。

しかし、大人同士の関係で幼児的な甘えの欲求が満たされることは無理である。

たとえば甘えの欲求から相手に「こう言ってもらいたい」「こうしてもらいたい」と願っても、相手はなかなか期待したとおりのことを言ってはくれない。

小さい頃やった努力を母親は認めてくれなかった。それはつらいことである。

そして大人になった。**そこで近い人に同じように「やった努力を認めてもらいたい」と思う。**

ところが期待したとおりには認めてくれない。そこで不愉快になる。

不愉快にはなるが、その不愉快な感情を相手に直接表現できない。嫌われることが怖いから、不愉快な感情は吐けない。

そうした小さな不愉快な体験の積み重ねの上で、抑うつ感情に陥っていく。

毎日の小さな不愉快な体験の、積み重ねの上で抑うつ感情に陥り、それが肉体的健康に悪影響を及ぼすことになる。

また、いまが病気であれば、その抑うつ感情が現在の病気の回復を遅らす。

抑うつ感情はまず気力を削《そ》ぐ。やる気を失わせる。朝、何かをやる気になっていても、相手のふとした言葉で抑うつ感情に陥ってしまうと、途端にそのやる気がなくなってしまう。

いったん抑うつ感情に陥ると、なかなか抜け出せない。抑うつ感情はみじめ依存症に似ている。

みじめな感情に陥って、その心理状態に鍵がかけられてしまうようなものである。

「Locking into Misery」である。(註48)

そうした心理状態には誰でもがなるものではない。それはつらく長い人生の結果である。

みじめ依存症や抑うつ感情は生まれて以来、来る日も来る日もいやなことばかりの生活の結果である。

だからそういう人は「電気ショックにかかったようにみじめな状態に止まる(註49)」。**長い苦しい生活でエネルギーを失っているから、変化するエネルギーがない。**

抜け出す勇気があれば、いつでも抜け出せる。しかしその勇気がない。疲れ過ぎている。働かないでお酒ばかり飲んで、浮気をして暴力を振るう夫と別れれば幸せになれる。しかし別れるという変化が怖い。

離婚は表面的には幸せに見える。しかし情緒的には恐怖である(註50)。

別れた先が不安である。そこで電気ショックにかかったようにみじめな状態に止まる。

「私は地獄にいるような気持ちです」と言いながら、必死で地獄にしがみつく。

ではなぜ、みじめと感じることに依存するのか?

もちろんそういう人間環境の中で成長しているからである。叱られる、けなされる、責められる、軽蔑される、恩に着せられる。

小さい頃、自分をみじめにする人以外の人と接する機会がなかった。**そういう人は生まれた時から心は牢屋に入れられていた。**

子どもにとっては、そうした人間環境から抜け出す方法はない。そうなれば、みじめさが

「馴染みの感情」になるのは当たり前である。

そうした人間環境の中で成長すれば、生きるエネルギーは消耗し尽くしている。

もう努力するエネルギーがない。努力して物事を解決するのではなく、**「私はつらい」とみじめさを訴えることで、相手に解決してもらおうとしている。**

みじめさを訴えるのは、このつらい気持ちを汲み取ってくれということである。

「彼は同情以外に何も求めようと努めないことで、人生をむだにしているのです（註51）」とジョージ・ウェインバーグはいう。

そのとおりであるが、みじめ依存症の人にとっては、ほかに生きる道はなかった。

アルコール依存症の人が人生をむだにしているように、みじめ依存症の人も人生をむだにしている。

ある人は憎しみの感情を、正義を誇示したり、みじめさを誇示することで吐き出す。その人はみじめさを誇示しないではいられない。

安全に自分のマイナス感情を処理している。

それがみじめ依存症である。

自分の要求をしっかりとストレートに出さない。怒りが悩みに変装して現れる心理である。

みじめ依存症の人は自分の哀れさを訴えることで、自分の要求を通そうとする。

「私はあなたに、こうしてほしい」とはっきりと言わない。

「私はこんなに苦しいのだ」と訴える。

何かで失敗する。

「私は苦しい、私は苦しい、私はつらい、私はつらい」と主張し続ける。大騒ぎをする。

本人は自分のみじめさの原因は、その失敗であると思っている。

しかし自分のみじめさの原因は、その失敗ではなく、その人の無意識にある怒りである。

小さい頃に失敗した時に、そこまで徹底的に痛めつけられたということである。

みじめさの誇示の後ろには隠された憎しみがある。その失敗をそこまですごいことにしてしまうのは、その人がその失敗を通して自分の無意識の怒りを表現しているからである。

いままで表現されない心の何かが、その失敗という事実を通して表れてきている。

風邪一つで大騒ぎする人がいるが、逆にがんを告げられても冷静な人がいる。

悩みを顕微鏡で見る人と、裸眼で見る人といる。

神経症者は「私には何も良いことない」と言う。そうしてみじめさを売る。でも心理的健康な人から見ると、その人には良いことがたくさんある。

◎あなたにも不幸になってほしい

この動機で行動することで、他人ではなくその人自身の人生を破壊してしまう。

みじめさを訴える人は、とにかく周囲の人が嫌いなのである。

しかし、みじめさを訴える人は**「私はあなたたちが嫌いだ」という自分の感情を意識していない。**

また「自分は相手を信じていない」ということも意識していない。

「どんな状況においても、他者の生活を不快なものにする傾向を持っており、あたかもあらゆる光を消したいと思っているかのようにふるまっているとしかいえない少なからぬ人」(註52)がいる。

みじめさを誇示する動機は、「あなたに私と同じように不幸になってほしい」ということである。みじめさを訴える人はとにかく周囲の人が嫌いなのである。

あの花がほしい、しかしあの人は花をくれなかった。そこであの人に憎しみを持つ。

料理を作った。疲れた。でもあの人は料理を褒めてくれなかった。そこであの人に憎しみを持つ。

そうしたことの積み重ねの中で、みじめ依存症の人は生きている。相手を信じていればそれらの不快の感情を相手に直接言える。不快な感情を直接言葉で言えないのは、相手を信じていないからである。

◎現実を認めず勝手に関係を決める

私たちはよく被害者意識について語るが、被害者意識は攻撃性の変装した意識である。(註53)

何事も被害者意識にたって、物を言う人の顔を見てみれば分かる。

自分が受けた被害を、これでもかこれでもかと強調する人がいる。調べてみると、現実の被害はほとんどない。

「あのことにこんなに時間を取られた」「あの人にこんな酷いことを言われた」「私は夫の言葉の虐待に遭いました」と騒ぐ。

これは、怒りの間接的表現である。

相手に腹を立てている。相手が嫌い。相手の顔も見たくない。

でも「あなたが嫌いです」と言えない。**言えないのは、相手に対する依存心があるからである。**

自分のほうが心理的に弱い立場に立っている。悔しい。だからどうにもできない。みじめ依存症の人は「つらい！」と訴えたい時に、「つらい！」ということを辺りかまわず訴える。

自分が誰に苦しみを訴えているのかを選択していない。

豚にでもコオロギにでも女にでも男にでも「つらい！」と訴える。

訴えている人は、自分は誰かれかまわず訴えていることに気がついていない。男にも女にも豚にもコオロギにも同じに訴えていることに気がついていない。

みじめ依存症の人は庭を掃きながら、箒《ほうき》にも「つらい」と言っている。

みじめ依存症の人のように、やたらにみじめを売ったら相手はこちらを嫌いになる。

ジョージ・ウェインバーグは、**自己憐憫の第一の問題は「ほかの人間の迷惑になるのです」**（註54）と書いている。

「結婚してからいつも一人です。初めの頃は泣きながら、我慢していました。家にポツンと一人残されて」

「こんな思いをするために結婚したんじゃない」と彼女は自分を哀れむが、離婚しようとはしない。

世の中には自分から積極的に何かをしないで、彼女のようにいつも自分の状況を嘆いているだけの人は多い。そして同情を求める。

同情を求める度に、自分は一人で立っていられないという自己イメージを強化してしまう。

みじめ依存症の人はみじめさを訴える相手を間違えている。

みじめを売ったら、相手はこちらを嫌いになる。

みじめさを売って相手が自分を慰めてくれるのは、どういう時であろうか。

みじめさを売って慰めてくれるのは、相手が自分に愛がある時である。愛があってはじめて慰みが行われる。他人は逃げる。

みじめ依存症の人は、人間関係が分かっていない。

みじめを売っている人は親子関係の体験がない。生物的な親がいても心理的に親の機能を果たしていない。

接する人を親とみなしてしまう。そしてみじめさを訴える。しかし相手から迷惑がられるだけである。

そしてあの有名な台詞である。「誰も私のことを分かってくれない」になる。

みじめ依存症の人は、そうした人間関係が分かっていない。相手の立場に立って物を考えられないからである。

◎過去の中で生きているから進めない

彼らには、「いま、この時」ということもないし、自分の個性も相手の個性もない。

いまを生きていない。過去のある時期で生きることが止まっている。体はいまにいるが、心は過去にいる。

だから不満を言っていればいい。

「私はうれしい」と言ったほうが人は注目する。そのほうが好かれる。

でもみじめ依存症の人は、周囲が哀れみを感じるものにしがみつく。

そこで好かれようとして嫌われることをする。

泣いてみんなに迷惑をかけている。嫌われる。

泣きつつ、好かれようとする。

自分がみじめであると訴えることがすべてに優先する。

では、なぜ「私はうれしい」と言えないのか？

それは幸せになる能力がないからである。憎しみがあるからである。敵意があるからである。

人は幼少期に「いかにして愛を得るか？」ということを間違える。

自分の弱点を誇示することで同情を得ることを学んでしまうと、大人になってもそれを手放さない。

みじめ依存症の人は愛情のない家族のもとで成長している。それなのに「私のお母さんは、やさしくて立派な人です」と言う。どうしても現実を認めない。

いじめられて自殺した子が「僕をいじめた人を責めないでください」と書いたのと同じである。そこまで人から嫌われるのが怖い。

したがってみじめ依存症の人には、周囲の人との心のふれあう関係がない。

心理的健康な人は、愛情のある家族のもとで成長している。したがって自分と相手とのかかわりの中で相手のことを考える。

だから、これは自分がしたほうがいいのか、しないほうがいいのかを考える。

みじめ依存症の人は、小さい頃から人との関係といえば、それはつらい関係のことである。人間関係といえば、それは何をしても責められるだけの人間関係である。

そこでみじめ依存症の人は、好かれようとして嫌われる。

「他人は、年中不運を嘆いている仲間を避け始めるでしょう(註55)」。

それは、人は彼と話していると気持ちがふさいでくるからである。

相手が落ち込むのは、みじめ依存症の人の隠された攻撃性が原因である。

誰でも隠された攻撃性にさらされたら落ち込むし、その人を避けようとする。

こちらが、相手にとって自分がどういう存在かを考えて行動するから、相手が安心するのである。だから相手はその人とのつきあいを喜ぶのである。

心理的健康な人は、相手にとって自分が親友だか、友人だか、知人だか分かっている。お互いにその関係が分かっている。

みじめさを訴える人、もっと一般的に悩んでいる人は、お互いに納得している関係がない。

お互いに相手を親友と思っている。お互いに相手を恋人と思っている。お互いに相手を師弟関係と思っている。それがお互いに納得している関係である。

みじめさを訴える人、もっと一般的に悩んでいる人は、**自分が勝手に相手との関係を決めている。**

みじめ依存症の人は、周囲の人にとって負担になる。

そして周囲の人が自分のことを心配することを、当たり前のこととして要求する。

「心配してくれて、ありがとう」と言う人なら周囲の人の負担にならない。

また「心配してくれて、ありがとう」と言う人は、みんなが自分のことを心配しなくても、それを恨まない。

みじめ依存症の人は、「私はつらい」という言葉で相手を暗に非難している。

みじめ依存症の人は、そのことに気がつくことが大切である。それに気がつかなければ先に進めない。

◎親といるよりいまの不幸のほうがまし

殺される恐怖感に怯えているよりも、みじめであることのほうがずっとよい。

「記憶に凍結された恐怖(註56)」を植えつけた人といるよりも、不誠実な夫といるほうがずっと快適である。

愛人がいて、暴力を振るい、お金を渡さない夫といるほうが、**「記憶に凍結された恐怖」を植えつけた親といるよりよほど居心地が良い。**

ナチスの強制収容所の恐怖は五十年経っても消えないという。「記憶に凍結された恐怖」という。

「その結果、神経の警報ベル設定値が異常に低くなっている(註57)」。

その「記憶に凍結された恐怖」を溶かすことである。もちろんそれは容易なことではない。

イソップ物語には、人はそれぞれ違うのだから、自分を忘れてはいけないという主旨の話が沢山ある。その中に「ロバとカエル」という話がある。自分は自分、人は人なのである。

ロバが、薪を積んで沼を渡っていた。そこで滑って転んで立ち上がれなくなった。そこで濡れてしまい、悲しくなり泣き出した。

すると、沼の中のカエルが、ロバの泣き声をきいて、

「ロバさん、ちょっと転んで濡れたくらいで泣いて悲しんでいるような弱虫では、生きていけませんよ。私たちは、長いあいだ泥水の中で暮らしているんですよ」と言った。

いつも悩んでいる人を見て、心理的健康な人はこのカエルの心理になる。

カエルにとってつらくなくても、ロバにとってはつらいのである。

みじめ依存症の人は、自分はロバだと意識して、ロバとして生きようとすればいい。カエルに向かってみじめさを嘆いても道は拓けない。

第五章 自己憐憫する人

――どこで何が間違ったのかが分からないでいる

◎成長よりも「安全な不幸」を選ぶ

人が成長する喜びには苦しみが伴う。そこで成長の苦しみよりも不幸を選ぶ人が出る。

喜びと苦しみや悲しみは一緒に来るとは、レバノン出身でアメリカの天才的詩人カーリル・ギブランの言葉である。この言葉を、彼が人間の成長について言おうとしたのかどうかは分からない。

人間が成長する道は喜びがある。成長の道を歩くことには生き甲斐がある。しかし安易ではない。困難に満ちているし不安がる。そこで不幸への道にしがみつく人が出て不思議ではない。

強烈な不幸願望というと、なかなか納得してもらえないかもしれない。そこでいろいろの例で考えてみよう。

「途方もない重荷を持って、人生を歩もうと不断に努力する人がいる。どんな些細な困難も誇張され、将来に対しては悲観的な見方しか持たず、どんな喜べる機会にもカッサンドラの叫びしかあげない（註58）」。

なぜこうなるのか？

強烈な不幸願望とは強烈な愛情飢餓感である。強烈な同情願望である。

自己憐憫する人はいつまでも自分のことを言っている。嘆いているのは、自分に注目がほしいからである。

人は同情を求めて嘆いている。

いつも嘆いている人は自分が不幸でありさえすれば、望むものはすべて手に入ると思っている。

そしてほしいものとは、尊敬とか幼児的愛情である。あとはほしくない。

それが手に入ったら、その後のことは考える。

まず強烈な不幸願望を持つ人は、受け身である。そして絶望とまでは言わないが、希望を失っている。そうなれば生きるエネルギーはない。

もちろん強烈な不幸願望の人も、意識では幸せになりたいと思っている。口ではそう言う。

しかし無意識では強烈な不幸願望を持っている。心理的マゾヒストは無意識に不幸を求めている。

だから「死んでも不幸を手放さない人」がいても不思議ではないであろう。

酒に暴力に浮気にとやりたい放題の夫がいる。離婚をすればいいのに、離婚をしない。

そういう女性は「不満と不安で不満を選ぶ」が、もっといえば不幸と幸福で「不幸を選ぶ」。

幸福の道を選ぶためには成長しなければならないし、大変な努力がいる。何よりもリスクがある。そのリスクをとるくらいなら、安全で不幸にいたる道を選ぶのである。

それが退行欲求である。

◎いい人を演じてねじれていく

夫に愛人ができて離婚された奥さんである。自己憐憫に陥っている。

愛人の話をした後、彼女は続けて「私は慰謝料を一銭ももらってこなかったんです」と付け加える。

彼女は「私は慰謝料というものを一銭ももらってこなかった」と、何回も言うことで、自分がいかに無欲で理想の人間であるかを強調する。

彼女は他人に向かって、自分の哀れさを訴え続けているのである。

「別れる時にはきちんと慰謝料をもらいなさい」と私が言うと「私は財産はほしくないけど、将来不安なんですね、いろんなことに疲れましてね」と言う。

自己憐憫する人は、自分の人生がどこで間違っているかが理解できていない。

彼女に必要なことは、人生に対する態度を逆転させることである。つまり正当な権利を要求して不安になることをやめる。

彼女は、自分は控え目な理想の女性であると主張しながらも、哀れさを誇張することは忘れない。彼女は「私は財産はほしくない」と言うことで、自分を立派な女性であると見せている。

もう一つは、小さい頃からの愛に恵まれない過去の体験に引きずられて、自分は多くを望めないと一人で決め込んでいる。

そして、**自分の人生を大切にするということを学んでいない。**誰も彼女に「自分の人生を大切にしなさい」と教えていない。

「私は身寄りがないですから、そのまま裸で出ていっても行くとこなかったんです、それで住み込みで働いています」と心細そうな声を出す。

彼女はみんなの同情を求めて自分の哀れさを延々という。かわいい子どもも置いてきた。

そこで彼女は、子どもに会いに行った。子どもと新しい母とはうまくいっている。

子どもは新しいお母さんに懐《なつ》いていた。その場で泣きの涙で帰ってきた。

「いいお母さんなんです、子どもの幸せを考えると良かったのかなと思います。私、内心喜んでいるんです。私はいまさら帰れないですし。自分の立場ってものをよく分かっています」。

彼女の「私、内心喜んでいるんです」という言葉は反動形成である。反動形成とは正反対の言葉が誇張されて示されることである。

「いいお母さんなんです」ではなく、本当はものすごい憎しみを持っている。その憎しみの感情を抑圧している。つまり、**憎しみの感情を自分の意識から無意識に追いやっている。**

反動形成の言葉だからこそ、彼女は「いいお母さんなんです」と繰り返す。

本当にそう思っているなら、彼女は前に進んでいる。前に進む苦しみは、アドラーのいう「解放と救済に通じる」。

しかし反動形成だからこそ、彼女は同じところに止まって「なんで私だけがこんなに苦しいのだ」と訴え続ける。

いまのこの場所を受け入れて、とにかく先に進もうとはしない。

「自己憐憫は、そこから歩を進めるべき最良の場所を考えることの代わりに、同じところに立ち止まって『どうしてオレが』と問い続けることしか、させません(註59)」。

彼女は自分のことを口にし過ぎる。それはジョージ・ウェインバーグによると、彼女が自己憐憫に陥っている証拠である。

彼女はいつまでも自分の哀れさを言うだけで、これから自分がどうしようかということを言わない。

自己憐憫する人は、この女性のように哀れさを訴えていれば何とかなると考えている。こういう人たちは、そうしていれば誰かが自分を愛し保護してくれると思っている。受け身なのである。

自分の力でこの人生を切り拓《ひら》いていこうとする意欲に欠ける。

しかし、彼女の立場からすれば、「意欲に欠ける」という客観的な表現は不適切な表現である。**小さい頃から、自分が自分であることを否定する人々と、戦い続けて力尽きたということである。**

彼女の立場からすれば、正面から戦うことができなくなるまで、追いつめられたということである。**自己憐憫は最後の見えない抵抗なのである。**

◎トラブルを招く体質になっている

彼女は、自分が自分であることが許されて生きてきた人には想像もできないような壮絶な戦いをして生きてきたのである。

しかし、客観的に表現すれば彼女は受け身なのである。愛がすべてを解決してくれると期待するのは神経症だとカレン・ホルナイは言っている。

受け身でいるから、なんでもないことがものすごく困難に思えてくる。受け身でいるからストレスが増してくる。

困難に出会うから受け身になるのではなく、受け身な態度や考え方が困難を呼び込んでしまう。

受け身がなんでもない物事を困難な問題にしてしまう。

ストレスに耐えやすい人の特徴として4つのCがあげられる。

ハーヴァード大学医学部心身医学研究所の所長だったハーバート・ベンソンが編集した「The Wellness Book」という本に、ストレスに耐えやすい人の特徴として4つのCがあげられる。4つのCつまり、Control, Challenge, Commitment, Closenessである。（註60）

受け身でいることはこの4つのCがすべてない。

ジョージ・ウェインバーグがいう「自己憐憫は行き止まり」は、自己憐憫が受け身だからである。

カレン・ホルナイは神経症者の欲求不満に対する反応の一つとして自己憐憫をあげている。(註61)何か自分の思うようにことが運ばないと欲求不満になり、自分はひどく傷つけられたと感じる。自分が被害を受けたと感じる。自己憐憫に陥る。

そうなれば自分が加害者であるにもかかわらず、自分は被害者と感じても不思議ではない。

自分が身勝手な要求をしてトラブルを起こしておいて、「私はこのトラブルでこんなに痩せてしまった」と哀れみを誇示する。

ジョージ・ウェインバーグが自己憐憫の確かな兆候は自分のことばかり考えていることだと述べている。「自分はこんなに悩んでいる」とその自分のことばかり考えている。

◎他人がうらやましくて仕方がない

世の中に、自分のご主人が忙しいと嘆いている奥さんは多い。この奥さんも夫が「毎晩十一時、十二時にならないと帰ってこない」と嘆いている。

そういう奥さんはたいてい、他人の結婚が自分よりうまくいっていると思っている。

「近所の人と話をしていると、皆さん四時近くになるとご飯の支度をしなければいけないって感じで、帰っていくんですよね。皆さんのご主人は夜七時ぐらいには帰ってくるらしいんですよ。今晩はなにするんだ、かにするんだと言っていると、うらやましいんですよね」
延々と自分の状況を嘆く。
ジョージ・ウェインバーグは自己憐憫について書いた箇所で「いつも自分の状況について嘆き悲しんでいる人がいます」と書いている。(註62)
嘆き悲しんでいるのはジョージ・ウェインバーグによると、彼女が自己憐憫に陥っている証拠である。**自己憐憫とは無意識の上の悦楽なのである。**
私たちの自己憐憫はまたマイナスの感情に固執することで他人を操作しようとしている。すでに述べたようにカレン・ホルナイは怒りに対する反応を過度に単純化すると三つに分かれるという。(註63)
その一つが肉体的不調である。
二つ目に、「どうしても許せない」と復讐に向かうこともある。
三つ目に、みじめさや自己憐憫を強調する。(註64)
三つの反応の中でこの「自己憐憫に陥る」ということが一番分かりにくい。しかし、これは怒りに対する反応の一つである。
自己憐憫の裏には巧妙に攻撃性が隠されている。これが先に書いたことである。つまり、自我価値の剝奪に対する最後の抵抗である。自分が自分であることを許さなかった人たちに対する見えない憎しみの吐露である。

自己憐憫している人は、他人がうらましい。つまり妬みである。嫉妬は自己憐憫の裏の心理。**自己憐憫には、裏に妬みと嫉妬が隠されている。**

嫉妬は受け身の攻撃性であるが、同時に自己憐憫も受け身の攻撃性である。

自己憐憫の特徴の一つは、他人の明るい面に注意を向けて、自分と他人を比較することである。これは神経症の特徴でもある。

したがって自己憐憫する人は「他人の明るい面にばかり目を注がないで、自分の恵まれている面にも注意を注ぎなさい」と言われても、そうできない。

それは「他人と明るい面に注意を向ける」ことは、自分を哀れむためには必要なことである。つまりその人にとって無意識の必要性である。憎しみの隠された表現である。

自分の暗い面と他人の明るい面を比較して、そこに注意を注ぐのは、その人の矛盾した心理の表現なのである。

そして、それは同時に「お前はいいいな」という言葉になる。

自己憐憫を中心としたこれらの心理は同じ塊《かたまり》である。

そして、それはみんなその人の矛盾した心理の叫びである。愛と憎しみの隠された表現である。

自己憐憫は、依存的敵意の間接的表現である。依存と敵意という矛盾を同時に表現しようとするところならざるを得ない。

隠された憎しみを表現するための絶望的な努力が自己憐憫である。

だいたい理屈に合わない感情を表現している時は、矛盾した感情を表現している時である。矛盾した一方の感情は、こだわった人に対する憎しみであり、敵意であり、攻撃性である。

それがカレン・ホルナイのいう感情的盲目性と言われるものである。

基本的には成長欲求と退行欲求の矛盾葛藤を表現している。

無口や不機嫌の心理も同じ矛盾を表現している。**不機嫌な人は嫌いな相手から離れない。**

嫌いな人から褒められたい。

自分が自分であることを励まされて成長した人には想像もできない心理である。

自分が自分であることを励まされて成長した人は心の中に力を感じている。感情の矛盾がない。心理的に統合されている。

しかし、自分が自分であることを禁じられて成長した人の心の中は空洞である。

◎誰も私のことなんか分かってくれない！

「できるわけないわよ」と「どうすることもできないの」の二つの文句は、自己憐憫の確かな兆候だとジョージ・ウェインバーグはいう。(註65)

自己憐憫する人の問題は、人々の同情を得ようとがんばるが、その期待は裏切られることである。

大人の世界で、「私はこんなにつらい、私にはどうすることもできない」と言い続けている人に、そんなに同情する人はいない。

そこで自己憐憫する人の期待はつねに裏切られる。

「認めてくれるだろう」と期待してしたことが、逆に無視された時には深く傷つく。

その結果、憎しみの感情が湧いてくる。その憎しみの感情の間接的表現として、さらに自分のみじめさの誇示が始まる。

そうする度に憎しみの感情は強化される。

ジョージ・ウェインバーグ自身がいうように、自分の状況について嘆き悲しんでいる人から、やがて人々の同情心は離れていく。

自己憐憫は「ほかの人間の迷惑になるのです」[註66]。

これは自己憐憫する人にはつらいことである。褒められることを期待してしたことがけなされた時には、不愉快な気持ちから抜けられない。

同じように、同情を期待して自己憐憫したところが相手から避けられた。そういう時には落ち込みが深刻である。

しかし残念ながら、自己憐憫をされた相手にとっては、自己憐憫は迷惑なことである。そうなれば、自己憐憫する人は例のフレーズ「誰も私のことを分かってくれない」になる。

ジョージ・ウェインバーグは**「誰も私の苦しみなんか分かりゃしない」は世界でもっとも繰り返されている言葉の一つ**だと述べている[註67]。

自己憐憫の第二の特徴は、つねに「行き止まりである」ということである[註68]。先の彼女の場合も、いつまでも自分の哀れさを言うだけで、これから先「自分はどうしようか」ということを言わない。

「それは、自分はどうしようもないのだ、という考えに基づいております。そしてその考え方を強化し続けています。受動的なのです。すべてがあなたに対してなされたのであり、あなた自身を救い出せる方法はないのです。こんなの決して真実ではないし、立ち直れるのに役にも立ちません。あなたは自分をどうかできるのです。ただ自分を哀れむのをやめさえすればの話しです[註69]」。

このとおりである。しかし「自分を哀れむのをやめること」はかなり難しい。なぜなら「自分を哀れむこと」の背後には攻撃性や敵意があるからである。

自分が自分であることを否定した人々に対する憎しみを無意識に追いやることができても、消すことは難しい。

「もし自分自身でありえないのなら悪魔になったほうがましだ[註70]」というシーベリーの言葉は意味深い。

自己憐憫する人は、悪魔にならないで自己憐憫しているのである。

自分が自分であることを否定した人に対する、攻撃性や敵意を解消することはかなり難しい。

しかしそれを意識化し、乗り越える以外に、人生が拓ける道はない。

自己憐憫する人は、一定期間、自分のみじめさを語らないことである。すると禁断症状が現れる。

どうしてもみじめさを誇示したくなった時に、自分がどのくらい人からの同情を必要としているかを確認することである。

また、どのくらい人を憎んでいるかを確認することである。

このマイナスの感情は自分についての大切な情報であり、これをもとに自分がどんな人間であるかを理解することができる。

そう理解できるから努力の方向性が見えてくる。

自分は愛されて育っていないから、安心感がないと理解できる。幼児的欲求の満足がないまま幼児的欲求放棄を強《し》いられた自分の心の空洞が見えてくる。

自分は母親という言葉は知っているが、母なるものを持った母親を体験していないということも見えてくる。自分には母親という名前の赤の他人がいたということが理解されてくる。

◎もっともっと真剣に同情してくれないといや

「同情を得ようとするたびに、彼は同情への欲求を強化していきます（註71）」。

「そんなにつらかったの」という言葉をもっと聞きたくなる。さらに、もっと心の底から言ってもらわないと不満になる。

しかし大人の世界で、些細なことでいちいちそんなに心の底から同情してくれる人はいない。

自己憐憫は終局的には不満と敵意に終わる。そして例の「誰も私のことを分かってくれない」という言葉になる。

そしてその言葉は本当なのである。誰もその人の苦しみにその人が期待するほど理解を示さない。

自己憐憫する人は、他人に「もっと」真剣に同情してもらいたいのである。

そして一切の社会的責任から解放されたい。心理的に生まれたままの幼児になって無責任が許されて、その上で立派な社会人として評価されたい。

「私の気持ちを誰も分かってくれない」と言う人は、**自分だけは生まれたままの赤ん坊でいる特別の権利があると思っている。**

その他人にはない自分だけの特別の権利を要求しているのが自己憐憫なのである。

「彼は同情以外に何も求めようと努めないことで、人生をむだにしているのです」[註72]とジョージ・ウェインバーグはいう。

なぜ同情以外に何も求めようと努めないのか？

それはそれ以上に彼が必要としているものはないからである。同情だけが彼に満足を与えるからである。

つらい気持ちを汲み取ってもらうことだけが心の満足なのである。

確かに他人から見れば、せっかくの人生をなぜそこまでむだにするかと不思議に思う。送ろうと思えば送れる、すばらしい人生が彼の目の前にある。

客観的にみれば、輝ける人生を送る障害は何もない。**障害は本人の心の中にある退行願望だけである。それとそれに付随している攻撃性である。**

そこにすばらしい人生がある。手に入れようとすれば、いま述べたように、客観的にはなんの障害もない。しかしそうした人生を送る気力がない。気が進まない。

おいしい料理がそこにあっても、食欲がなければ食べる気がしない。

おそらく自己憐憫している人は、退行願望が満たされて憎しみが解消されて、はじめて前向きになれるのだろう。

したがって、自分の退行願望や幼児的願望を意識することは大切である。

◎騙されやすいのも特徴のひとつ

少なくとも質《たち》の悪い人に引っかかる機会が少なくなる。

退行欲求で生きている人ほど偽りの愛に弱い。自分に心地良い話をしてくれる人を良い人と思う。

子どもを誘拐する犯人は、「私は誘拐犯だよ」と言って子どもに近づかない。子どもがほしいものを持って現れる。

質の悪い人は、退行欲求で生きている人のほしいものをぶら下げて現れる。

その餌に飛びついた時に、その人は釣られたのである。そして生涯奴隷のように働かされるかもしれない。

ビジネスの場で妙に親しさを強調する人がいる。

「こんなビジネスの時に個人的に親しいなどということを強調する必要はない」と心理的に健康な人は疑問に思う。

ところが自己憐憫するような孤独な人は、**個人的な親しさを強調されるとコロリと騙される。**

愛に飢えていると、「私はあなたと個人的に親しいからあなたには特別に全力を尽くす」という主旨のことを言われると、相手が親身になってくれると思ってしまう。

こうして質の悪い異性に騙されたり、質の悪い不動産屋さんに騙されたりして人生を棒に振る。

先に述べたように、自己憐憫している人が期待する同情は現実の世の中では得られない。したがって結果として周囲の人に対して憎しみの感情を強化する。自己憐憫する度にもともとある無意識の攻撃性を強化してしまう。

つまり自己憐憫する人は、結果として同情を求める人に敵意や憎しみを抱いてしまう。**同情を求めるということは愛を求めているということ**でもある。

ということは、自己憐憫する人は自分が敵意を持つ人から愛を求めている。しかし敵意がある以上、素直に愛を求めることはできない。愛を直接に求めることはできない。

あくまでも、みじめさの誇示という間接的な表現で愛を求める。

したがって自己憐憫しても自己憐憫しても、心理的な満足は得られない。心の中の矛盾を強化していく。

「もしあなたが、一つのハンディキャップを補おうと、あまりにもがんばり過ぎると、おもしろいことが起こります。『もしこのたった一つの欠点さえなければすべてがすばらしくなるのに』と」(註73)。

そしてハンディキャップを取り除くことができるかもしれないが、「以前より自分を好きでなくなるでしょう」(註74)。

雄弁になるために必死でがんばったデモステネスのように、大雄弁家になって、もっと悩むことになる。

それは私のいうデモステネス症候群である。デモステネスはRの発音が不自由であったが、涙ぐましい努力をして当代随一の大雄弁家になった。いまの時代には考えられないほどの大成功をして最後は自殺した。ギリシャ・ローマ時代は雄弁が価値である。

彼は成功する過程でどんどん劣等感が深刻になっていった。どんどん憎しみを強化していった。

成功への努力の動機が劣等感であり、憎しみの感情だからである。

認められたいという動機で行動することで、もっと認められたくなる。

◎「私がわがままなのは無理もないでしょ」

自己憐憫そのものが憎しみの間接的表現である。

それはもっと同情してほしい、もっと私の苦しみを分かってほしいという叫びである。

自己憐憫は「私がこんなに苦しいのを分かってほしい」という叫びである。

そして、それを分かってくれない人々への不満であり、憎しみである。

その人が何か常識的には、わがままな行動をしたとする。そういう時に「あなたはそんなに大変だったの。それならそれも無理もないわね」と言ってもらいたい。

「それも無理もない」という「それ」は、自己憐憫している人の無責任な行動であり、わがままな行動である。

自己憐憫は、私を例外として扱ってくれという叫びである。

そんなに大変なのだから、「私がこんなにわがままなのは無理もないでしょ」という主張である。

私の無責任や自己中心性を正当化しているのが、自己憐憫である。

「私の人生はこんなに苦しいのだから、私にはふつうの責任を期待しないでくれ」ということである。

自己憐憫は「私は特別なの」ということの理解を求めている。「ふつうの人と同じに扱わないでくれ」という要求である。

私に特別な立場を与えてくれという要求である。

それは現実の世の中では通らない。そこでいっそう自己憐憫が激しくなる。その結果、彼らはますます孤立する。

そうして心の病はどんどん深刻化する。憎しみの感情も強化される。

自己憐憫も広い意味で「自由からの逃走」である。

生きる責任を背負いきれない。そこで「私はこんなにみじめ」という自己憐憫で責任から逃げる。

自己憐憫に陥ることは、自由から逃走して極端な政治思想に走るのと心理的には同じである。

自己憐憫に逃げるのは、アルコール依存症になることや、カルト集団に入ることや、極端な民族主義に走ることや、画一主義的になることや、破壊主義になることなどと本質的には同じである。

ギャンブルに逃げるか自己憐憫に逃げるかの違いである。自己憐憫する人は、自由であることの重荷に耐えられなくて、心が悲鳴を上げているのである。

依存症になった自己憐憫、そう簡単には治らない。

◎他人の評価がすべてになって傷ついていく

フロムは「服従と敵意」は同じコインの表と裏と言っているが、日常生活にそくして言えば「迎合と敵意」は同じコインの表と裏ということである。

自己憐憫は自立の失敗である。一人で立っていることができないで、何かにしがみつく。

本質的には「誰か助けて！」と叫んでいる。

「助けて！」と叫んでいるのに、無視されるから傷ついて敵意を持つ。

また「依存と敵意」という関係も同じことである。

自己憐憫する人は、自立できないで助けを求めている。その「助けを求めている」ことに誰も気がついてくれない。そこで「誰も私のことを分かってくれない」と嘆く。

「私はこんなにつらいのだから、もうこれ以上私に何か要求しないで」ということである。

もし自己憐憫している人が親という立場ならどうなるか？

周囲の人は「あなたは親なのだから親の責任を果たしなさい」と言うだろう。

しかし、そう言われたら気が変になる。いま自分一人で、生きるのが精一杯なのに、これ以上私に何をしろというのだということである。

自分一人が生きることさえ難しいのに、**これ以上、子どもへの親の責任と言われてもそれは無理ということである。**

「社会人なのだから社会的責任を」と言われても無理である。

自己憐憫する人は、「そんなにつらいことがあるのだから、あなたは特別よね」と一切の社会的責任を免除してもらいたい。

自己憐憫する人の要求はある意味でカレン・ホルナイのいう神経症的要求でもある。

神経症的要求の一つの特徴は「**それにふさわしい努力をしないで、それを要求する**」ということである。

尊敬や関心を得たいならそれにふさわしい努力をすればよい。しかし疲れているから努力はいやだけれども、尊敬や関心はほしい。

人々からの関心はほしい。注目はほしい。

怪我をすれば、周囲の人は大騒ぎをして「どうしたの？」と注意を払ってくれる。それがほしい。

話題は自分中心に回ってほしい。周囲の人から好かれたい。自分を特別に大事な人として扱ってほしい。感じの良い人と思われたい。

要するに幼児である。しかし幼児として扱われるのではなく、尊敬すべき社会人として扱ってほしい。幼児のように扱われながらも、周囲の人から重要な人と思われたい。

心理的に幼児であっても、周囲の人から立派な大人として高い評価を得たい。

実際には一人前の人間ではないのに、一人前以上の人間として扱ってほしいという要求である。

自己憐憫する人は、そうでないともう生きていかれないという状態に追い込まれている。

この矛盾を解決するためには、どうするか？

「じつは私にはほかの人と違って、こんなつらいことがあるのです」という自分の特別な事実を持ち出すしかない。

自分の態度の原因と責任を自分の運命に持っていくことがよい。

自己憐憫する人は、自己憐憫することで**「自分は何を守ろうとしているのか、何を得ようとしているのか」を真剣に考えること**である。

低く評価されることから自分を守ろうとしているだけである。そして高い評価を得ようとしているだけである。

正確にいえば、自我価値の剝奪から自分を守ろうとしている。その結果、ますます他人の評価が必要になる。

つまりは自己憐憫する人は、他人の「評価、評価、また評価」である。自分がどう感じるかは考慮の中にない。

自分の人生なのに、自分という軸がない。

それほど劣等感が深刻ということであり、それほど「孤立と追放」の恐怖の中で生きてきたということである。

いま実際に「孤立と追放」の恐怖にさらされているのではなく、小さい頃に「孤立と追放」を体験したということである。

小さい頃「孤立と追放」が怖いから、自分が自分であることを否定する人に従った。それが悩みの原点である。

「孤立と追放」が怖いことで人は何を失ったか。

いま、大人になって自己憐憫する人は次のように考えてみる。

小さい頃の体験で、その後の長い人生をむだにして良いのか？

彼は何を失ったか。成長への能力そのものであり、彼自身の肯定的感情を失ったのである。（註75）

◎偶然ではなく「病んでいる者」同士が引き合う

神経症の男と女は、お互いに求め合って一緒になる。決して、たまたま一緒になったのではない。偶然から一緒になったのではない。

神経症でない男は神経症の女を選ばない。神経症でない女は、神経症の男を選ばない。

恋人になる場合も偶然ではなく、お互いに求め合って一緒になっている。一一カ国で一〇〇以上の論文を発表している、オーストリア出身の精神分析医のバーグラーは、この種のこ

とは臨床上の事実であると述べている。(註76)

いままでの人間関係は決して偶然ではなく、自分が求めてできた関係であるということ認めることはつらいことである。

あんな酷い女と恋愛関係になってしまった自分は、酷い男だったのだと認めることはつらいことである。

しかしそれを認めないと、新しい出発はない。とにかく、調子の良い人ではなく、誠実な人を探すこと。

アルコール依存症者と、その配偶者は離婚をしても、その配偶者は五〇%の確率でアルコール依存症者と再婚する。(註77)

アルコール依存症は、もういやだと思いながらもまた、アルコール依存症の人と再婚する。

心理的に病んだ男性に惹かれた女性は、惹かれた女性のほうも心理的に病んでいたのである。いや、病んでいるところに惹かれたのである。

偶然とか運とかいうことに逃げてはいけない。

「たまたまそうなった」と解釈している限り、新しい人生は拓けない。

「責任回避は、あなたに自分は救いようがないと信じこませてしまいます。あなたはあきらめの境地にはいり、宿命的な諦観を感じはじめます（註78）」。

◎子どもを脅して自分の心を癒す親

嘆いている人、自己憐憫する人は長いこと脅《おど》されて生きてきた。

「大変なことになるぞ、大変なことになるぞ」と脅されて生きてきた。

そして実際には大変なことにならなくても、心はいつも脅《おび》えて生きてきた。

いつも悩んでいる人、いつも嘆いている人は、ライオンの檻《おり》に入れられて生きてきた。ライオンに食べられないためには、従順でまじめでなければならない。

だからまじめ依存症になるのである。まじめであることで不安と恐怖から逃げている。

決して人を愛するためにまじめであるわけではない。社会的に何か貢献をするためにまじめであるわけではない。

まじめにしていることの動機が社会への帰属意識ではない。

情緒的未成熟な親にとって、自分の子どもを脅かすことほど、力を感じることはない。

自分の脅しに乗ってがんばる子どもを見ることほど、心の癒しになるものはない。

ライオンの檻に入れられて、そんなことをしていると「食べられるぞ、食べられるぞ」と脅される。その脅えた姿を見ることが、親の何よりの心の癒しになる。もちろんこれらのことは、みな無意識である。

親は意識の上では、「しつけ」と合理化しているかもしれないが、無意識のところは心の癒しである。

愛情に恵まれない家庭で成長した人は、個性化の過程ではそうした不安と恐怖に苦しみながら成長した。

その不安と恐怖から「こうしないではいられない」という、まじめ依存症などのような、さまざまな依存症になる。

脅されている子どもは、**親に従順でありさえすれば、不安と恐怖から逃れられると思い込む。**

不安と恐怖は骨の髄《ずい》まで染み込んでいる。

骨の髄まで染み込んだ不安と恐怖は意識されることはない。骨の髄まで染み込んだ不安と恐怖は、空気のようなものである。

とにかく不安と恐怖という空気を吸い込みながら成長する。心はライオンに脅えて檻の中にいるのだが、檻の中にいるということを意識していない。

生まれた時からライオンの檻の中にいれば、それが生きる世界と思う。しかし無意識の恐怖感は想像を絶するほどものすごい。

それが抑圧である。不安と恐怖に苦しみながらも、不安と恐怖を意識していない。

しかしそれは夢などには現れる。

あるいは日常生活で変装して現れる。

アドラーが怒りは変装がうまいというが、不安と恐怖も変装がうまい。不眠症のようにして現れることもあるし、自律神経失調症のようになることもある。

そして怒りと同じように、不安と恐怖もさまざまな悩みの姿に変装して現れる。

いつも悩んでいる人は、怒りばかりでなく、不安と恐怖も抑圧しているのである。

それがアドラーが望ましくない性格の一つとしてあげているhyper-sensitiveness（異常に感受性が高い）である。何かに超過敏になる。人の批判に超過敏になる。

人の何気ない言葉に超過敏に反応する。何気ない言葉に急に不愉快になる。急に機嫌が悪くなる。周囲の人が驚くが、不機嫌になった本人自身が自分の気持ちをどうしようもない。

相手から、期待した返事が返ってこないと途端に不愉快になり、そのあと落ち込む。褒められると期待して、褒められないと意気消沈する。

歓迎されると期待したのに、少しでも違うと、しょんぼりしてしまう。途端にやる気を失う。

◎植えつけられた恐怖感に気づいていない

それは心がライオンの檻に入れられて成長してきているからである。怖いライオンがそこにいれば、ライオンがちょっと動けば、びくっとする。

小さい頃から脅されて成長してきた人が、相手の言動に対して超過敏になるのは当たり前のことである。**自己不在なのだから、相手の態度がすべてになる。**とにかく自分がない。

そしてライオンの檻に入れられて成長してきた人は、神経が疲れ果てている。

だから我慢する力が落ちている。神経が消耗している。不安と恐怖で生きるエネルギーを吸い取られている。もう消耗しきっているから何事も我慢ができない。

生きるエネルギーがないけれども、怖いからいつもイライラしている。びくびくして神経が超過敏になっている。

超過敏で我慢ができない。

アドラーがいうように、それが否定的な二つの性格である。超過敏と我慢ができないという二つの性格は、心がライオンの檻に入れられて成長してきた当然の結果である。

ライオンの檻に入れられて成長してきた人は、絶えず身構えて生きている。

世界は恐怖に満ちている。

誰に対しても身構えている人がいる。誰とも打ち解けられない。怖いライオンに打ち解けることはできない。

ライオンとともに生きてきても、そのライオンが怖くなければ別である。しかし「食べられるぞ、食べられるぞ」と脅されて生きてきた人は、つねに自分を取りまく世界に身構えている。

ライオンにニコニコして迎合しながら、ライオンに食べられないかと身構えている。

ライオンの檻に入れられて不安と恐怖で生きてきながら、怖いライオンを意識していない。ライオンへの恐怖感は抑圧されている。恐怖感は無意識へ追いやられている。

ここが大切なところである。**自分が恐怖にとりつかれているのに、それに気がついていない。**

そして、結果としての「周囲の世界に対して身構える態度」を身につけてしまう。この態度はライオンへの恐怖感を抑圧した結果である。

身構えている人のライオンに対する恐怖感は、周囲の人から眼に見えない。すると「あの人は、なんであんなにいつも不安で緊張をしているのか？」が理解できない。不思議になる。

周囲の人にも本人にも見えない恐怖感、それがその人の心を支配している。

ほかの箇所で説明している、みじめ依存症などもそうである。みじめ依存症の人は、自分が恐怖感にとりつかれているということを意識していない。

恐怖感を無意識に追いやっている結果が、みじめにしがみついている心理である。

みじめを手放したら、無意識の恐怖感が意識に表れてきてしまうかもしれない。みじめにしがみつくのは、恐ろしい恐怖感をブロックするためである。

恐怖感を意識しているより、みじめであると思い込んでいるほうが、心理的にはるかに楽である。

みじめさを周囲の人に振りまいて、**同情を求めていれば、本当に恐ろしい恐怖感から気をそらしていられる。**

みじめ依存症の人はいくらでもみじめな状態を抜け出せる。しかし命がけでみじめさにしがみつく。それは命がけで恐怖感から逃れようとしているということである。

強烈な不幸願望というのも同じである。

不幸であれば、恐怖感から目を背《そむ》けられるということである。

自己憐憫の説明のはじめに、強烈な不幸願望ということについて触れた。そこで説明したように強烈な不幸願望とは強烈な愛情飢餓感であり、強烈な同情願望である。と、同時に恐怖感からの必死の逃亡である。恐怖に立ち向かうというのはそれほど恐ろしいことである。

現実が楽しく幸せであるにもかかわらず、みじめにしがみつく人は、無意識に強烈な恐怖感のある人である。「楽しい」と思ったら、その瞬間抑圧していた恐怖感が意識にのぼってきてしまう。

隠された恐怖感は、楽しむ能力を破壊する。

理由もなく焦っている人も同じである。とにかく恐怖感から逃れたい。じっとしていると恐怖感が意識されてしまいそうな気がする。

◎不眠症になる理由

理由もなく焦っている人に「焦るな！」と言うことは、刃物を突きつけて「殺すぞ」と言いながら、「安心しろ！」と言っているようなものである。

相手を脅しながら相手が怯えている時に、「安心したほうが良いんじゃない、怖がる理由なんか何もないのに」と言っているようなものである。

理由もなく焦っている人に「焦るな！」と言うことは、無理。

猛獣から逃げようと必死になっている人に、「焦るな」と言っても意味がない。猛獣に食べられる恐怖感が焦りの原因である。

そういう人は、強くなければ自分は生きていけないと思ってしまった。強くなければ殺されると思ってしまった。

自分はスーパーマンでなければ、生き延びられないと思ってしまった。

そう思うことは、現実には非合理的に見えるが、心理的には合理的な考えである。感情的合理性と現実の合理性とは違う。

現実的には「殺される」可能性は少ないかもしれない。しかし、脅されている人からすれば、殺されるという恐怖感は決して嘘ではない。

殺される恐怖感は、感情的合理性からすれば十分根拠がある。その恐怖感を無意識へと抑圧した。

それが「依存と恐れ」である。依存する対象から殺されるという恐怖感を持つ。そしてそれを無意識に追いやる。無意識に追いやったからといって、決してなくなっているのではない。

その人の感情を無意識から動かしている。

だからたとえば不眠症になるのである。夜になってなぜ眠れないのか？

眠れない現実的合理性などどこにもない。寝る条件はすべて整っている。しかし眠れない人はいる。

不眠症からうつ病になる人もいる。**無意識の恐怖感に感情が支配されているのである。**

無意識の世界ではどのようなことが起きているのか？

何をされるか分からないという恐怖感である。

◎自分が嫌いな人は周囲を敵に感じている

それが、アメリカの心理学者ゴードン・オルポートのいう、脅威志向の高い人であろう。

そして脅威志向の高い人は悲観主義になる。

それは**「大変なことになるぞ、大変なことになるぞ」と脅されて生きてきている**からである。

そして問題は成長の過程で、彼らにとっては事実「現実は敵」であった。

現実は彼にとって脅威であった。

成長期に安心感のない人は、困難恐怖症になる。客観的に困難ではないことも、脅威志向の高い人にとっては困難なのである。

「脅威志向」が高くパーソナリティーが不安定な人は、当たり前であるが「ひるまないで、まっすぐに世間に立ち向かうことができない」(註79)。

「ひるまないで、まっすぐに世間に立ち向かうこと」が「怯えていない」ということである。

そしてオルポートは、偏見はこうした態度の副産物だという。

そしてこの「脅威志向」は、許容的な雰囲気の家庭で育った子どもよりも、そうでない家庭で育った子どものほうが持っている。

「脅威志向」は、寛容な児童の生育史には比較的見当たらない。

「寛容な児童は、許容的雰囲気の家庭に多いようである。彼らは歓迎され、認められ、何をしてもいいのだと感じる。ひどい罰とか気まぐれの罰がなく、いつなんどき頭上に親たちの雷が落ちるかもしれないぞとばかり衝動を警戒しなくてすむ（註80）」

大学生になって対人恐怖症になった人がいる。話してみると、高校時代には「世界征服をする」とか「世界連邦を作る」ということを思っていたと言う。

そう思うことでしか、彼は現実と立ち向かえないのである。

対人恐怖症になるまで現実に怯えていなくても、社会人になって、社会的に偉くならないと現実に立ち向かえない人がいる。社会的に偉くならないと、人とつきあえない。

心の支えがまったくないから、外側の何かが自分の心を支えてくれないと人と向き合えないのである。

そういう人にとって現実は敵である。その現実からの自己防衛が必要である。現実は敵ということは、現実は恐怖に満ちているということである。

ナルシストといわれるような人は、殺人者に囲まれている世界で生きている。

ベラン・ウルフは「現実は味方」という表現をしているが、そう感じることができるようになるまでは、脅威志向の高い人の悩みの解消はないだろう。

自己憎悪している人は、周りが敵である。

「こうならなければ、自分は許されない」と感じて生きてきた。「こうならなければ、周りの人は自分を許さない」と感じて生きてきた。

それはつらい人生である。

つねに周りは敵である。誰も自分を守ってくれない。何か欠点があれば批判されて、自分は許されない。

生き延びるためには欠点があってはいけない。欠点のある人間では生きられない。殺されてしまう。

彼らは情緒的にはそういう世界で生きてきたのである。

ありのままの自分が許されない世界で生きてきた人と、ありのままの自分が許される世界で生きてきた人では、生きている世界がまったく違う。

先に「自己憎悪している人は周りが敵である」と書いたが、事実は敵ではないこともある。その人の心の世界では「周りが敵である」という意味である。

長いこと仮面をつけて生きていれば、自分が「本当の自分」を嫌いになる。「本当の自分」を恥ずかしいと思うようになる。

自分を偽って生きてくれば「本当の自分」を自分が評価できなくなる。

そこで、ますます他人の評価が必要になる。そのために他人の一言で深く傷ついてしまうようになった。

逆に他人に褒められたら自信ができるか？

他人の言葉で傷つきやすい人は、他人の評価で自信が得られるわけではない。

仮面をかぶっている時に他人に褒められても、「実際の自分」が評価されたのではないということを本人は知っている。だから本当の自信が生まれない。

自信は勲章では得られない。

自信は生産的に生きることで得られる。

仮面をかぶって生きるとは、非生産的に生きることである。成功しても失敗しても自信は得られない。

◎決して事実に苦しんでいるのではない

シーベリーは「自分自身にかけられている否定的な暗示に気がつくことから、治療は始まるのです(註81)」と述べている。

問題は「気がついていない」ということである。気がついていれば対処の仕方も出てくる。戦う姿勢も出てくる。しかし気がついていないから何もしないし、何もできない。

「狂気の人間というのは、どんな結びつきを作ることにも完全に失敗して、格子のついた窓のなかに入れられていない時でも、獄に入れられている人間のことである。生活する他人と結びつきをもち、関係をもとうとする必要性は、避けられない欲求であり、それを満たすことによって人間の正気がたもたれる(註82)」。

フロムは「格子のついた窓のなかに入れられていない時でも、獄に入れられている人間」と書いているが、私のいうライオンの檻である。

現実はライオンの檻に入れられていないのに、自分の心が、ライオンの獄に入れられている。これがノイローゼの人間の想像性である。

ノイローゼとは、想像性と強迫性を特徴とする。強迫性とは、パーソナリティーに矛盾を含んでいることである。

アドラーのいう勇気とは、「この獄を出ることである。事実は獄に入れられていないのだから。

ノイローゼの人は事実に苦しんでいるのではない。うつ病の人は事実に苦しんでいるのではない。

「うつ病はがんよりも苦しい」と言って批判を浴びた有名な俳優がいるが、それが心の苦しみの特徴である。

がんは現実の苦しみであるが、うつ病は心の苦しみである。どちらが苦しいというような問題ではない。

コーヒーとビールと、どちらがおいしいかと議論をしても意味がない。

ノイローゼは現実の苦しみではなく、心の苦しみである。

そして心の苦しみは感情習慣病でもある。

「どんな結びつきを作ることにも完全に失敗」するのは抑圧があるからである。つまり個性化の過程で生じる不安と恐怖を抑圧するからである。不安や怒りを抑圧するからである。

心の葛藤に気を囚われて相手に対する配慮がない。思いやりがない。

カレン・ホルナイのいう**基本的不安があるからである。愛する能力がないから。**

心の手錠がとれない。

「どんな結びつきを作ることにも完全に失敗」するほど深刻な失敗は人間にはない。

起業家が企業を立ち上げて失敗する、あるいは若者が試験に不合格になるなどの失敗は、この失敗に比べれば、失敗という名に値しないかもしれない。

逆に「どんな結びつきであれ、その結びつきを作ることに完全に成功」することは、人間にとってもっとも望ましい成功である。

望ましい成功というのは幸せに結びつく成功という意味である。

それに成功すれば幸せになれる。しかし巨万の富を築くことに成功しても、それは幸せになれることを保証しない。

まさに「重要なのは恐怖やフラストレーションの処理の仕方である（註83）」。

終章

心の歴史を勉強する

——幸せになるためのヒント

◎人は「幸福」より「安心」を選んでいるから依存する

人の行動が依存症的になってしまうのは、不安だからである。

「不満と不安との選択」で、不満を選ぶから依存症的生き方になる。

これは何も夫婦関係ばかりではない。

うつ病になるまで、部長というポストにしがみついているビジネスマンも同じである。

人は「安心」と「幸福」で、「安心」を選ぶ。

それなのに「私は幸福を求めている」と思っている。幸福論の錯覚である。

自分を正しく理解していない。

人は意識では幸せを求めているが、無意識では安心を求めている。そして無意識のほうが力を持っている。

「不安を避ける」ということと、「幸せを避ける」ということは同じことである。

人は不安を避けるから、どうしても幸せになることを避けざるを得ない。

不幸にしがみつくというと、あり得ないと思うかもしれないが、不幸にしがみつくということは、不安を避けたいということである。必死になって不安を避けているということである。

個性化の過程で伴う不安、自己実現の過程で伴う不安、それらの不安を避けようとすることは、情緒的に未成熟な人にとっては極めて当たり前の心理である。

この本の内容は、不安を避けようとすると「こうなるよ」という内容である。

人はいくら哀れっぽく「幸せになりたい」などと何年言っていても幸せにはなれない。しかし本気で幸せになろうとすれば、案外思ったよりも幸せになれるかもしれない、とこの本で気がついてくれればよい。

意識している自分が本当の自分なら、この本はいらない。

しかし残念ながら、意識している自分は本当の自分ではないことが多いから、人はなかなか悩みから抜け出せないのである。

「つらい！」と叫んでいる人は、自分が周りの人を非難しているのだと気がつけば、解決の道は見えてくる。直接的に相手を非難するよりも、「私はつらい！」と叫んでいるほうがはるかに心理的に楽である。

とにかく「つらい！」と嘆くことは、何よりも心理的に楽である。

自分は「心理的にもっとも楽なことをしている」という自分の現実を認める。

現実の自分に直面するのはいやだ。それで悩みを解決してくれ。それは無理。

みじめ依存症の人は、本当に嫌いな人を「私はあの人を嫌いです」と認識していない。その抑圧こそが悩みの原因である。

悩みの原因を残したままで、悩みを解決してほしいという要求。それがいつも嘆いている人の要求である。

いずれにしろ「抑圧行動とはその真実から身を守る方法」であるとウェインバーグはいう。

◎まず隠された怒りのすごさを知る

この本のもっとも重要なポイントは、自分の隠された怒りのすごさに気がつくことである。

自分はなぜこれほどまでに自己憐憫するのか、なぜこれほどまでに嘆くのか、なぜこれほどまでに人をうらやむのか、それらの真の動機に気がつくことである。

「嘆くまい」という決意は結構だが、それはあまり効果がない。嘆くことの原因を理解することが先決である。

意識で「しよう」と思っていることを、その人自身が本当に「しよう」と思っているかどうかは疑問である。

意識で「したい」と思っていることを、じつはもう一つの領域である無意識では「したくない」と思っているかもしれない。

現在の自分を正しく理解すれば、道は拓ける。つまり、いまの自分はなぜこう感じているのか、なぜこういう行動をしようとするのか、それらの原因を正しく理解できれば、おのずと道は拓ける。

なぜ道が拓けるのか。それを正しく理解することは、自分が固有の存在であるという自覚に通じるからである。

その自覚ができれば、自分の人生に対する正しい態度がとれる。

いつも励まされて成長した人もいれば、いつもけなされて成長した人もいる。二十歳になった時にはまったく違った人間になっている。五十歳になった時には違った動物になっているかもしれない。

励ます人と同情を求める人はまったく違う。

励ます人は、どんどん人を愛する能力が発展し、どんどん心理的に自立して、ますます問題解決能力が出てくる。

逆に同情を求める人は、どんどん心理的に人に依存して、ますます問題解決能力がなくなってくる。

本文中に「強烈な不幸願望」とか、「犠牲的な役割にしがみつく」とか、なかなか常識では理解しにくい言葉が出てきた。

そして最後には「不幸という部屋に入って、そこで鍵をかけてしまう」ような人について書いてきた。

時に犠牲的な役割にしがみつく人がいる。周囲の人は、その人にその犠牲的な役割を期待していない時にも、その人は犠牲的な役割を手放さない。

こうして不幸にしがみつく人は、心理的に健康な人の常識では考えにくい。

しかし、こうして不幸にしがみつく人がいるのだという心理を説明した。

愛されないで成長した人は、死んでも人から注目がほしい。愛されて成長した人には理解しにくい心理である。

人間とは、合理的な知性では解釈しきれない。その部分を書いたのが本書である。

この本は、自分と相手を複数の視点から理解するための本である。

自分を正しく理解することが自分に寛容になることであり、相手を正しく理解することが相手に寛容になることである。

◎よく生きてここまで来られた

直接表現できない怒りは、みじめさの誇示という間接的な形で表現されてくる。

憎しみの感情をみじめさを誇示することで吐き出すのは、ベラン・ウルフのいう退却ノイローゼである。

現実を逃げている。現実からの退却である。

それは大きくなってしまった幼児。

現実に直面する勇気はどこから出てくるか。それは自分を正しく理解すれば良い。

自分を正しく理解すれば、自分の偉大さに気がついて自己受容ができる。

ほかのヨットは嵐の時に寄港するハーバーがあった。しかし自分というヨットは海が嵐になっても寄港する港がない。

それなのに、遭難しないで嵐を乗り切ったヨットが自分というヨットである。それがみじめ依存症の人である。

港のあるヨットと、港のないヨットを比べてはいけない。

みじめ依存症の人がとにもかくにも、いま生きていることはものすごいことなのである。

みじめさの部屋に入れられ、外から鍵をかけられたと思う人は、まず自己分析をすることである。

自分はどうして生きてきたかを考える。いま自分は本当には何を求めているかを考える。

そうしたら自分は「ひとりぼっちで生きてきた」ということに気がつくに違いない。

不安と恐怖に怯えて生きてきたということに気がつくに違いない。

そして「いま、私は何を求めているか？」と考える。

それは助けである。

そこまで気がつけば先は明るい。

「自分は助けを求めているのだ」ということを、はっきりと意識化することの意味は大きい。

とにかく嘆いている時には、嘆いていることが心理的に一番楽だから、そう簡単に嘆くことはやめられない。

「依存と敵意」「依存と恐れ」、さらに「依存と孤独」の三つがひとかたまりになっているのが依存心である。

助けを求めても助けてもらえない時に感じる孤独がある。この孤独感も敵意や恐れと同じように抑圧される。

無意識の必要性に振り回されて苦しんでる人は、この三つの心理に気がつくことである。

自分が成長した家族は、家族として機能していなかった。

助けが必要な時期に誰も助けてくれなかった。だから一人で生きてきた。その不安と恐怖のものすごさは無意識に刻み込まれている。

人生は「人は誰でも幸せを求める」などという、生やさしいものではない。

不安と恐怖から逃れたい。それが第一で、幸せなどは二の次、三の次である。

肉体的虐待は体にあざができる。だから虐待を受けたということが外から分かる。しかし心のあざは眼に見えない。

心のあざは自分にしか分からない。

心のあざは母性的保護を失ったばかりではなく、情緒的に虐待を受けたことでもできる。

心にあざができている人は、家族という名の牢獄にいたのである。守られて成長していない。

母性的保護のもとに成長した人は、嵐の時に寄港するハーバーがある。心のハーバーがある。

しかし心にあざがある人は、海の上で嵐になっても逃げる港がない。大人になっても心のハーバーがない。

それなのにいままでよく生きてきた。遭難して当たり前である。

それなのに遭難しないで今日まで生きてきた。それはすごいことである。

とにかくこの自分の偉大さに気がつくことである。

◎乗り越えるために「自分のいまの位置」を確かめる

過去を振り返って「このことに気がついてよかった」という時には二度としないし、その時に自分を乗り越えている。

「自分を乗り越える」とは、自分に気がつくこと。

胃を壊して「あれさえ食べなければ」といつまでもくよくよと悩むが、くよくよと悩む原因は、あれを食べたことではない。

じつはすでに周りの人間に嫌気がさしている。その嫌気が胃を壊して不愉快になったことで、表に引き出されてきたのである。

長いこと悔しい思いをして生きてきた。意識されない我慢が続いた。

いま何かの体験で、それらが引き出されてくる。

いま私が苦しんでいることは、本当にそんなに苦しいことだろうか？

私がいま悔しがっていることは、本当にそんなに悔しいことだろうか？

私がいま大変だと思っていることは、本当にそんなに大変なことだろうか？

それは単にある刺激で、脳内を検索して出てきた過去の感情ではないか？

そして幼児期に体験した悲しみをいま、再体験しているだけではないか？

大人になってから心の病から回復するためには、自分を知ることが不可欠である。自立するにも自分を知ることが必要である。

自分を知らないと、この人を見習ってはいけないという人を見習う。

兎や、狸や、ライオンのように自分が分かっていれば、相手をうらやんだりしないで、自分の道を迷わず歩いていける。

何を見習い、何を見習ってはいけないか。自分を知らないと、ここで間違う。

そして自分を知るためには、「自分のいまの感情の源泉を知ること」である。

そのためには、不愉快な悲しみや寂しさなどのマイナス感情が自分についての情報として、いかに大切かということを理解しなければならない。

不愉快になった時、自分はなぜ不愉快になったのかを考える。そこに自分が見えてくる。

過去の不満を意識するのは良い。しかしそれを人に嘆かない。

これから一カ月でもいいから人には嘆かない。自分のノートに書くのはよい。しかし、人には嘆かない。

人に嘆かないでいると禁断症状が出る。そこで自分のいまの位置が分かる。自分はこういう人間なのだということが分かる。

◎行動して感情を積み重ねていく

今日一日を最後でよいと思って生きる。

この幸せを続かせようとすれば悩みになる。恋愛も同じである。

今日一日を精一杯生きる。それが結果として続く。

今日一日があればいい。「この幸せをいつまでも」と思うと悩みになる。

明日は考えない。

「お金を貯めよう」という気持ちと同じ姿勢で生きると、心理的におかしくなる。

今日を精一杯、生きることは、お金を貯めようという姿勢とは違う。

今日一日幸せに生きられた自分。幸せになれるように生きた自分。

うつ病になるような人は、その自分を誇りに感じることがない。

いまが大切ということは、いまの小さなこと、こんな小さなこと、それを続けることである。

それを続けると、将来にこんなことがありますと思っている人は、いまの小さなことを続ける。

積み重ねが、信じられるものを生む。

たとえば、毎日神様を拝む人は、拝むから神様を信じるのである。神様を拝むという「行動が信じる気持ち」を生み出す。**行動そのものが、感情を作っていくのである。**

信じるまで拝まないのでは、いつまでも信じられない。そしていつも悩んでいる人は誰も信じていない。

まず信じる行動をしてみる。そこから出発する。小さなことの積み重ねで人は幸せになる。

うつ病から回復するためには、小さな満足を積み上げていく。

「満足がない」ということがうつ病者の共通した症状である。（註84）

うつ病者は、退行欲求を満たそうとして間違った道に入り込んでしまった。

人はよくマイナス思考の人を責めるが、マイナス思考は隠された怒りの間接的表現なのである。

心の底に怒りを溜め込んでいながら、プラス思考になれといっても無理である。

それがまさにマズローのいう「黒い力」であり、退行欲求である。黒い力を受けてくれる人がいると、そこでエネルギーが生まれる。

人はまず、退行欲求という基本的な欲求が満たされて、はじめて成長することができる。

「愚痴と後悔」をする人に、いきなり「プラス思考になれ」と言っても無理である。

◎感情を吐き出してさらに一歩踏み出す

ほかにできる解決は？

人間関係を変える。

いやなことを吐き出す。それが大切。

人はその時その時の不満を解決しなければ先に進めない。

ところが嘆いている人は、いまは周囲とコミュニケーションができていない。

感情を吐き出せる親しい人を作ることができれば解決する。話して楽になる人間関係を作ることができれば救われる。

長年つきあっていても話しにくい人は話しにくい。

うつ病の人の周りは話しにくい人がいる。子どもは父親に「遊ぼう」と言えない。

「患者は自分は愛される価値がないから愛されないと信じるであろう（註85）」。

顔面蒼白の努力型の気の毒な人は、努力に努力を重ねて生きていながら、つねに「お前はダメな人間だ」と周囲から言われ続けて生きてきた人である。

このうつ病者はどうしたらいいのであろうか。

心理的に健康になるためには、うつ病者はいまの人間関係を変えることが大切である。

うつ病者は、周囲の「立派な」人から、腐ったお饅頭を「おいしいお饅頭」と言って食べさせられた。そして下痢をしてきた人である。

自分のお腹が痛い時に「すいません」と言って周囲に謝ってきた人である。

下痢をした時に「お饅頭が腐っていた」とは思わないで、「私の腸が悪い」と思って自分を責めてきた人である。そして周囲から「お前は腸が悪いから、ダメな人間だ」と言われてきた人である。

こういう人は周囲にいる「立派な」人たちと離れない限り、いつまでたっても下痢をする。

小さい頃からこういう人たちと接してきているから、こうした人々と離れることは大変である。しかし、それしかうつ病者が幸せに生きる道はない。

みじめさを訴える人が自分を救うためには、「私はあなたたちが嫌いだ」という自分の感情を認めることである。

また自分は相手を信じていないということも認めることである。みじめ依存症の人は全部を信じていない。信じていないから憎しみを持つのである。

みじめさを訴えている人は、憎しみと不信の中にいる。その中でしゃべっている。だから幸せにはなれない。

みじめ依存症の人にとって必要なのは、この「嫌い」という自分の人生の軸を、「好き」という軸に変えることである。

これこそが革命の名に値する心の革命である。

「好き」に変えるとは、好きな人たちとの人間関係を作るということである。

「自分が生まれ変わる」ということは、いまの人間関係を変えるということである。

それはナポレオンのアルプス越えである。

そのためには、まず自分を正しく理解するしかない。

みじめ依存症やうつ病者を含めて、一般的に悩んでいる人は、自分は「つらい、つらい」と騒ぐだけで悩みを解決しようとしてはいない。

それを認めれば、自分が求めているものが見えてくる。求めているのは退行欲求の満足。あるいは母なるものを持った母親を求めていることが分かってくる。

「私はお母さんを尊敬しています」とか「私はお父さんを尊敬しています」とか言わない。自分に嘘をつかない。

「私はこんなにみじめです」という自分の言葉の意味を考えていけば、自分が見えてくる。

そのために洞穴日記をつける。

それは人間が洞穴の中で生きていた太古の時代に帰ることである。その洞穴の中の人間の感情の部分を日記に解放することである。それは人間の原始的感情を解放するための日記である。

誰に見せるものでもない。だから本当のことを書く。

書くことが乗り越えるための一つの手段である。

素直さとは、現実を認めることである。現実否認をしないことである。

努力して、がんばったエリートがうつ病になったり、自殺したりと挫折するのは、彼らに現実否認があるからである。

◎自分の「心の歴史を勉強」して運をつかむ

この本で、自分は何を目的にして、そんなに悩んでいるのかを理解できれば良い。

「私は悩みたくないのに、悩んでいる」と単純に信じていれば、悩みが解決することはない。意識と無意識では逆のことを望んでいることがある。

じつは悩むことで、無意識の領域で抱えている心の葛藤を解決している、ということが理解できれば先は明るい。

鍵のかかってしまった悩みの部屋から出るためには、意識の願望の背後にある無意識の欲求を理解することである。

いつも悩んでいる人、いつも嘆いている人がいる。

その人たちにとって、悩むことは意識の要請ではなく、無意識の要請である。この無意識の要請を意識化できれば、いまのその悩みは解決に向かう。

悩んでいる人は、まず自分は何を悩んでいるのかを理解する。

悩んでいる人は、「悩んでいることが悩んでいること」だと思っている。しかし、悩んでいることは現象で、悩んでいることの本質とは違う。

この本で、自分がいま悩んでいることの正体を暴《あば》ければ良い。

たとえばの話、「そうか、いま自分が悩んでいることは、このこと自体ではなく、昔の処理されていない怒りが変装して、いま現れてきたのだ」と理解できれば良い。

この本では、さまざまな偉大な精神科医や精神医学者の考えを書いてきた。それらの偉大な人々の業績は、人類の貴重な遺産である。

なぜ自分は幸せになりたいのに、幸せになれないのか。

それは本気で幸せになろうとしていないからである。それは別の領域で「不幸になろうとしている」からである。

自分が幸せになることよりも、たとえば「あの人に復讐することのほうがずっと大切」だからである。

こういう人は意識では「私は幸せになりたい」と言う。しかし無意識では「私は絶対に不幸を手放さない」と思っている。

あの人に復讐できる喜びに比べたら、いまの私の不幸など問題ではない。

あの人が不幸になるなら、私の不幸など問題ではない。

意識では「私は幸せになりたい」。

しかし、無意識では「あの人が不幸になってくれさえすれば、私は不幸でも良い。大切なのは私の幸福ではない。あの人が不幸になることである」と思っている。

人は、自分が不幸を選んでも「自分は不幸を選んだ」ということを意識していない。そのことが問題なのである。

自分が幸せになるよりも、人を不幸にするほうが心理的に楽である。

自分が幸せになるには、何かを積み上げる必要がある。

積み上げるのには、日々の努力がいる。

人を不幸にするためには、心の底の憎しみの感情だけでよい。

心が復讐に燃えている時、次から次へと人を殺していく。

でも、復讐は自分の人生をゼロにすることである。

この本はそこを意識するための本である。

自分が不幸を選択したということを意識していないから、いつまで経っても不幸から抜けられない。

困難を乗り越えた時に、困難は大切だなと感じる。困難がなければ先に行けない。困難がなければ人生の波に乗っていない。

自分の心の歴史を勉強して、運は自分でつかむ。

この本が自分を正しく理解される本になることを願っている。

＊

つらい過去に囚われて、輝く未来を失うな。

「ああすれば良かった、こうすれば良かった」と嘆いているうちに、人生が終わる。

愚痴をこぼす前に、少し頭を切り替えれば、少し生き方を変える工夫すれば、そんなに心配しなくても生きられるかもしれない。

二〇一五年三月　　加藤諦三

（註66）前掲書, p.251
（註67）前掲書, p.251
（註68）前掲書, p.251
（註69）前掲書, p.251-252
（註70）David Seabury, How to Worry Successfully, Blue Ribbon Books: New York, 1936, 加藤諦三訳『心の悩みがとれる』三笠書房, 1983, 151頁
（註71）前掲書, p.254
（註72）George Weinberg, Self Creation, St. Martin's Press Co., New York, 1978, 加藤諦三訳『自己創造の原則』三笠書房, 1978, 254頁
（註73）前掲書, p.258
（註74）前掲書, p.258
（註75）Abraham H. Maslow, Toward A Psychology of Being, D.Van Nostrand Co. Inc., 1962, p.60, 上田吉一訳『完全なる人間』誠信書房, 1964, 80頁
（註76）Edmund Bergler, Divorce Won't, Help, Harper & Brothers, 1948, p.11
（註77）安田美弥子『アル中家庭と子供たち』太陽出版, 1994, 45頁
（註78）George Weinberg, Self Creation, St. Martin's Press Co., New York, 1978, 加藤諦三訳『自己創造の原則』三笠書房, 1978 , 208頁
（註79）Gordon Allport, The Nature of Prejudice, A Doubleday Anchor Books, 1958, 原谷達夫 野村昭／共訳『偏見の心理 下巻』培風館, 1961, 133頁
（註80）前掲書, p.154
（註81）David Seabury, Stop Being Afraid , Science of Mind Publications, Los Angeles, 1965, 加藤諦三訳『問題は解決できる』三笠書房, 1984, 157頁
（註82）Erich Fromm, The Sane Society, Rinehart & Company, Inc., New York/Tronto, 1955, 加藤正明 佐瀬隆夫／共訳『正気の社会』社会思想研究会出版部, 1958, 47頁
（註83）Gordon Allport, The Nature of Prejudice, A Doubleday Anchor Books, 1958, 原谷達夫 野村昭／共訳『偏見の心理 下巻』培風館, 1961, 140頁
（註84）Aaron T. Beck, Depression, University of Pennsylvania Press, 1967, p.18
（註85）Nathan Leits, Depression and Masochism, W. W. NORTON & Company, Inc., 1979, p.136

（註42）ibid., p.23
（註43）ibid., p.10
（註44）ibid., p.24
（註45）Karen Horney, The Unknown Karen Horney, edited by Bernard J. Paris, Yale University Press, 2000, p.317
（註46）Muriel James, Dorothy Jongeward,Born To Win, 本明寛 織田正美 深沢道子／共訳『自己実現への道』社会思想社, 1976, 140頁
（註47）前掲書, p.140
（註48）Robert A. Becker, Addicted to Misery, The Other Side of Co-Dependency, Health Communications, Inc., 1989, p.30
（註49）ibid., p.30
（註50）ibid., p.30
（註51）George Weinberg, Self Creation, St. Martin's Press Co., New York, 1978, 加藤諦三訳『自己創造の原則』三笠書房, 1978, 254頁
（註52）Alfred Adler, Menschenkenntnis, Fischer Taschenbuch,1973, 岸見一郎訳『性格の心理学』アルテ, 2009, 112頁
（註53）Karen Horney, Neurosis and Human Growth, W. W. NORTON & COMPANY, 1950, p.56-57
（註54）George Weinberg, Self Creation, St. Martin's, Press Co., New York, 1978, 加藤諦三訳『自己創造の原則』三笠書房, 1978, 251頁
（註55）前掲書, p.251
（註56）EQ, Daniel Goleman, Emotional Intelligence, Bantam Books, 1995, p203
（註57）ibid., p.203
（註58）Alfred Adler, Menschenkenntnis, Fischer Taschenbuch, 1973, 岸見一郎訳『性格の心理学』アルテ 2009, 113頁
（註59）George Weinberg, Self Creation, St. Martin's, Press Co., New York, 1978, 加藤諦三訳『自己創造の原則』三笠書房, 1978, 251頁
（註60）Herbert Benson, Eileen M. Stuart, Wellness Book, Birch Lane Press Book, Published by Carol Publishing Group,1992, 178頁
（註61）Karen Horney, Neurosis and Human Growth, W. W. NORTON & COMPANY, 1950, p.57
（註62）George Weinberg, Self Creation, St.Martin's, Press Co., New York, 1978, 加藤諦三訳『自己創造の原則』三笠書房, 1978, 251頁
（註63）Karen Horney, Neurosis and Human Growth, W. W. NORTON & COMPANY, 1950, p.56
（註64）前掲書, p.57
（註65）George Weinberg, Self Creation, St. Martin's, Press Co., New York, 1978, 加藤諦三訳『自己創造の原則』三笠書房, 1978 250頁

（註24） Karen Horney, Neurosis and Human Growth, W. W. NORTON & COMPANY, 1950, p.57

（註25） David Seabury, How to Worry Successfully, Blue Ribbon Books: New York, 1936, 加藤諦三訳『心の悩みがとれる』三笠書房, 1983, 200頁

（註26） Denis Waitley, Being the Best, Thomas Nelson communications, 1987, 加藤諦三訳『自分を最高に活かす』ダイヤモンド社, 1989, 49頁

（註27） Karen Horney, Neurosis and Human Growth, W. W. NORTON & COMPANY, 1950, p.42

（註28） Ellen J. Langer, Mindfulness, Da Capo Press, 1989, 加藤諦三訳『心の「とらわれ」にサヨナラする心理学』PHP研究所, 2009, 90-91頁

（註29） Mary M. Goulding & Robert L. Goulding, Changing Lives through Redecision Therapy, Brunner/Manzal, 1979, 深沢道子訳『自己実現への再決断』星和書店, 1980, 220頁

（註30） Manes Sperber, Translation by Krishna Winston, Masks of Loneliness, Macmillan Publishing Co., Inc., New York, 1974, p.183

（註31） Karen Horney, The Unknown Karen Horney, edited by Bernard J. Paris, Yale University Press, 2000, p.317

（註32） 井村恒郎訳,『フロイド選集 第4巻「自我論」』日本教文社, 1970, 139頁

（註33） Aaron T. Beck, Depression, University of Pennsylvania Press, 1967, p.249

（註34） Erich Fromm, The Heart of Man, Harper & Row, Publishers, New York, 1964, 鈴木重吉訳『悪について』紀伊國屋書店, 1965, 179頁

（註35） Patrick McNamara, An Evolutionary Psychology of Sleep and Dreams, Praeger, 2004, p.138

（註36） Aaron T. Beck, Depression, University of Pennsylvania Press, 1967, p.217

（註37） David Seabury, How to Worry Successfully, Blue Ribbon Books: New York, 1936, 加藤諦三訳『心の悩みがとれる』三笠書房, 1983, 206頁

（註38） Aaron T. Beck, Depression, University of Pennsylvania Press, 1967, p.27

（註39） Lawrence A. Pervin, Personality, John Wiley&Sons Inc., 1970, p.95

（註40） Karen Horney, Neurosis and Human Growth, W. W. NORTON & COMPANY, 1950, p.193,312,315

（註41） Robert A. Becker, Addicted to Misery, The Other Side of Co-Dependency, Health Communications, Inc., 1989, p.13

参考文献 註釈

(註1) Karen Horney, The Unknown Karen Horney, edited with Introductions by Bernard J. Paris, Yale University Press, 2000, p.320

(註2) Frieda Fromm-Reichmann, The Principles of Intensive Psychotherapy, The University of Chicago Press, 1950, p.xiv

(註3) ibid., p.xiv

(註4) Karen Horney, Neurosis and Human Growth, W. W. NORTON & COMPANY, 1950, p.56

(註5) ibid., p.57

(註6) Abraham H. Maslow, Toward A Psychology of Being, D.Van Nostrand Co.Inc., 1962, p.60, 上田吉一訳『完全なる人間』誠信書房, 1964, 80頁

(註7) Dale Carnegie, How to Win Friends and Influence People, Simon & Schuster, Inc., 山口博訳『人を動かす』創元社, 1999, 256頁

(註8) Manes Sperber, Translation by Krishna Winston, Masks of Loneliness, Macmillan Publishing Co., Inc., New York, 1974, p.180

(註9) Karen Horney, The Unknown Karen Horney, Edited by Bernard J. Paris, Yale University Press, 2000, p.317

(註10) Aaron T. Beck, Depression, University of Pennsylvania Press, 1967, p.27

(註11) ibid., p.27

(註12) ibid., p.31

(註13) ibid., p.265

(註14) ibid., p.22

(註15) ibid., p.27

(註16) Robert A. Becker, Addicted to Misery, The Other Side of Co-Dependency, Health Communications, Inc. 1989, p.22

(註17) Frieda Fromm-Reichmann, The Principles of Intensive Psychotherapy, The University of Chicago Press, 1950, p.xiv

(註18) Karen Horney, Neurosis and Human Growth, W. W. NORTON & COMPANY, 1950, p.39

(註19) Manes Sperber, Masks of Loneliness, Macmillan Publishing Co., Inc., 1974, p.179

(註20) ibid., p.179

(註21) ibid., p.179

(註22) Karen Horney, The Unknown Karen Horney, edited with Introductions by Bernard J. Paris, Yale University Press, 2000, p.320

(註23) ibid., p.320

PHP新書
PHP INTERFACE
https://www.php.co.jp/

加藤諦三［かとう・たいぞう］

1938年、東京都生まれ。東京大学教養学部教養学科を経て、同大学院社会学研究科修士課程を修了。1973年以来、度々、ハーヴァード大学研究員を務める。現在、早稲田大学名誉教授、ハーヴァード大学ライシャワー研究所客員研究員、日本精神衛生学会顧問、ニッポン放送系列ラジオ番組「テレフォン人生相談」では40年以上レギュラーパーソナリティーを務めている。

著書に、『モラル・ハラスメントの心理構造　～見せかけの愛で他人を苦しめる人～』（大和書房）、『自立と依存の心理』（PHP文庫）、『がんばっているのに愛されない人　ナルシシズムと依存心の心理学』（PHP新書）など多数。

悩まずにはいられない人

PHP新書 977

二〇一五年三月三十日　第一版第一刷
二〇二四年五月　二　日　第一版第六刷

著者——加藤諦三
発行者——永田貴之
発行所——株式会社PHP研究所
東京本部——〒135-8137　江東区豊洲5-6-52
ビジネス・教養出版部　☎03-3520-9615（編集）
普及部　☎03-3520-9630（販売）
京都本部——〒601-8411　京都市南区西九条北ノ内町11
組版——朝日メディアインターナショナル株式会社
装幀者——芦澤泰偉＋児崎雅淑
印刷所
製本所——大日本印刷株式会社

ISBN978-4-569-82409-3

PHP新書刊行にあたって

「繁栄を通じて平和と幸福を」(PEACE and HAPPINESS through PROSPERITY)の願いのもと、PHP研究所が創設されて今年で五十周年を迎えます。その歩みは、日本人が先の戦争を乗り越え、並々ならぬ努力を続けて、今日の繁栄を築き上げてきた軌跡に重なります。

しかし、平和で豊かな生活を手にした現在、多くの日本人は、自分が何のために生きているのか、どのように生きていきたいのかを、見失いつつあるように思われます。そして、その間にも、日本国内や世界のみならず地球規模での大きな変化が日々生起し、解決すべき問題となって私たちのもとに押し寄せてきます。

このような時代に人生の確かな価値を見出し、生きる喜びに満ちあふれた社会を実現するために、いま何が求められているのでしょうか。それは、先達が培ってきた知恵を紡ぎ直すこと、その上で自分たち一人一人がおかれた現実と進むべき未来について丹念に考えていくこと以外にはありません。

その営みは、単なる知識に終わらない深い思索へ、そしてよく生きるための哲学への旅でもあります。弊所が創設五十周年を迎えましたのを機に、PHP新書を創刊し、この新たな旅を読者と共に歩んでいきたいと思っています。多くの読者の共感と支援を心よりお願いいたします。

一九九六年十月

PHP研究所